Simeon Langenbahn
Stefan K. Langenbahn

Langenbahn

Kurze Geschichte einer Familie und ihres Namens

Mit Beiträgen von
John K. Langenbahn und Martha Langenbahn

Books on Demand Verlag, Norderstedt

Langenbahn
Kurze Geschichte einer Familie und ihres Namens

Einbandgestaltung: Teresa Jeanne Langenbahn

1. Auflage 2013
Books on Demand Verlag, Norderstedt
ISBN 978-3-73223-838-5

Textsatz mit LATEX und KOMA-Script

Vorwort

Zugegeben: Wir kennen „unsere" Familie nicht, aber wir haben eine ungefähre Idee von der Besonderheit „unserer" Familie. Sie ist *eine* Familie – und das macht sich an ihrem Namen fest. Dieser Name begegnet zwar in verschiedenen Regionen unserer Erde, scheint aber zahlenmäßig eine Seltenheit zu sein und verweist alle Langenbahns auf ein einziges Herkommen und einen gemeinsamen Ursprung: den mittelalterlichen Wirtschaftshof „Langenbahn" bei Rieden in der östlichen Vulkaneifel. Wenn sich – wie gleich zu lesen ist – schon um 1230 ein „Ahnherr" und erster Namensträger nachweisen lässt, ist das für eine Familie, die nicht dem Adel angehört, jenseits des Gewöhnlichen.

Das hat uns – um im mittelalterlichen Sprachduktus zu bleiben – angespornt, aus alten wie aus neuen Geschichtsquellen eine Geschichte des Familiennamens und der Träger dieses Namen zu verfassen. Dabei war uns wichtig, dass unsere Aussagen durch Quellen abgesichert sind und wissenschaftlicher Kritik genügen; dennoch hoffen wir, dass uns ein viele Langenbahns interessierender, allgemeinverständlicher Überblick gelungen ist. Damit ist bereits angedeutet, dass uns nicht an einzelnen Stammbäumen gelegen war, sondern an den drei großen Zweigen der Familie: die Eifler-Rheinischen Langenbahns, die Bliesgauer-Saarländischen Langenbahns und die amerikanischen Langenbahns.

Wir kennen „unsere" Familie zwar nicht, aber wir haben bei unseren Vorarbeiten manche Bekanntschaft mit fernen Verwandten machen dürfen und auf angenehme Weise erfahren, dass es über historische, kulturelle, Landes- und Sprachgrenzen hinweg eine schlichte Verbundenheit im gemeinsamen Namen gibt.

Allen, denen wir im Namen verbunden sind,
all unseren Vorfahren,
all unseren Verwandten,
und insbesondere
Anne und Walter Langenbahn
zu ihrer Diamantenen Hochzeit
am 4. August 2013

widmen wir dieses kleine Buch.

Simeon I. Langenbahn und Stefan K. Langenbahn

Inhaltsverzeichnis

1

Eine Deutschstunde und ein Besuch im Archiv

Man stelle sich vor

... eine Deutschstunde in der Oberstufe eines Gymnasiums irgendwo in der Nähe von Saarbrücken – vor fast vier Jahrzehnten. Der Deutschlehrer will bei den Schülern ein Gespür dafür erwecken, dass es um „Namen" eine besondere Sache ist. Schließlich gilt: „Nomen est omen". Jedenfalls behaupteten das die Römer und widersprechen somit dem Statement Fausts: „Name ist Schall und Rauch". Mit der ersten Sitzreihe beginnend soll jeder Schüler seinen Familiennamen nennen und sich zu dessen vermeintlicher Bedeutung und mutmaßlichem Alter äußern. R. Gottschall fängt an. „Gott-Schall" – ein vollklingender Name, wie er an Bedeutungstiefe kaum zu überbieten ist. Was besagt er

über das Herkommen und den ersten Namensträger?
R. und der Lehrer kommen ins Gespräch. In der Klasse
wird gelegentlich gekichert; da gibt es Unsicherheiten,
den es geht um „Persönliches".

Einfacher wird es bei Gottschalls Banknachbar M. Krämer und den hinter ihm sitzenden J. Müller – und einen
Schneider wird es auch noch geben. Damit sind die aus
der Zugehörigkeit zu einer Berufgruppe abgeleiteten
Familiennamen abgehandelt. Jetzt ist mein Schulfreund
T. Groß und die aus körperlichen Eigentümlichkeiten
gewonnenen Namen an der Reihe.

Dann ist es an mir: „Langenbahn" – nach meiner
Selbsteinschätzung ein vergleichsweise schwieriger Fall.
Natürlich bin ich gespannt, welche Theorie ein fast
allwissender Lehrer darüber entwickeln mag. Und nun
passiert es: Der Deutschlehrer geht sofort zum Nächsten
weiter und macht dabei eine Geste der Art: „Man
weiß es nicht und man wird es nie wissen." Aber
Schülerherzen sind viel sensibler, als es Lehrern zu-
weilen erscheinen mag! Das Zeichen, dass sich zum
Namen unserer Familie allenfalls nichts sagen lässt, hat
sich in der Erinnerung tief eingebohrt und in jugendlichen Spekulationen „lange Bahn" gebrochen: Stammt
der Name aus der Zeit der industriellen Revolution zu
Beginn des 18. Jahrhunderts: „Langenbahn" wie „Ei-
senbahn"? Oder war damit ursprünglich ein Wesenszug
bespöttelt worden, im Sinne von: „der hat eine lange

2

Leitung". Oder dürfen sich die Träger des Namens gar rühmen, vom altehrwürdigen Stamm der Langobarden ihr fernes Herkommen abzuleiten? Der Hirngespinste genug.

Man stelle sich vor

... den Lesesaal eines Archivs, genauer: des Koblenzer Landeshauptarchivs. Für einen wissenschaftlichen Beitrag studiere ich Urkunden des ältesten Klosters von Andernach. Da passiert es: In einem der handschriftlichen Dokumente fügen sich die Buchstaben plötzlich zu einem Namen zusammen. Ich traue meinen Augen nicht – zu einem höchst vertrauten Namen, zu dem Namen, mit dem man sich selbst identifiziert: L-A-N-G-E-N-B-A-H-N.

Was für eine Rehabilitation!

2

Nennen ist rufen

Als 1875 im preußischen Teil des deutschen Kaisserrei-ches die Standesämter eingeführt wurden, verankerte man gesetzlich etwas, das wir heute schnell als Selbst-verständlichkeit abtun. Und auch im 19. Jahrhundert war schon gängige Praxis, was sich über Jahrhunder-te hinweg entwickelt hatte, bevor es am 9. Februar 1875 per Reichsgesetz verbindlich vorgeschrieben wur-de: Jeder Deutsche war nun dazu verpflichtet einen Vornamen, eventuell einen Beinamen und einen Nach-namen - seinen Familiennamen - zu führen. Blickt man etwas weiter in der Geschichte zurück erkennt man, dass sich die Verwendung von Familiennamen erst im 12. Jahrhundert langsam manifestierte. Dafür gab es unter anderem auch einen ganz praktischen Grund: Der ureigene Sinn eines (Eigen-)Names, nämlich Individuen eindeutig in der Menge benennen zu können, konnte mit der zur gleichen Zeit immer geringer werdenden Menge an verwendeten Rufnamen schlicht nicht mehr erfüllt werden. Besonders durch die im frühen Mittelalter einsetzende Nachbennung („Vererbung"des Vornamens) war die Zahl der genutzten Rufnamen stark gesunken, eine Unterscheidung anhand des Namens war vor allem in Städten kaum mehr möglich. Beinamen wurden fortan immer beliebter. Mit ihrer Verbreitung setzt die Entwicklung von der Einnamigkeit hin zur Zweinamigkeit ein. Bald begann man auch diese zu vererben. Die Familiennamen waren geboren.[1]

Unser Namen als Kombination von Vor-, Bei- und Nachname begleitet uns ein ganzes Leben, mit ihm identifizieren wir uns gegenüber unserer Umwelt, ohne Namen könnten wir uns als Individuen nicht von der immer größer werdenen Masse an Menschen abheben. Einige wenige von uns haben des Glück einen Namen zu haben, der so einzigartig ist, dass sie ihn mit keinem Menschen auf der ganzen Erde teilen. Es gibt kein eindeutigeres Zeichen für Individualität.

Unser Familienname transportiert Geschichte, unsere Herkunft gibt uns einen Platz im Strom der Zeit. Er ist das verbindende Element, dass uns nicht alleine dastehen lässt. Bei allem Drang nach Einzigartigkeit können wir als Menschen nicht alleine existieren, brauchen Verbundenheit zu anderen Menschen, fragen uns: „Wo komme ich her?"Familiennamen verbinden.

6

„Nennen ist rufen. Gib ihm keinen Namen, und er ist nicht mehr." Manche Mensche mögen ihren Namen, andere wünschten sich einen anderen zu haben. Allen gemein ist, dass sie ohne Namen nicht existieren könnten, sie wären ein Nichts – unvorstellbar.

3

Der Ahnherr

Der erste Langenbahn begegnet uns im dritten Jahrzehnt des 13. Jahrhunderts: Er hieß Albero und war *miles* – ein Ritter. Das spärliche Wissen, das wir von Ritter Albero haben, verdankt sich einer Urkunde, die um das Jahr 1235 datiert. Das originale Dokument hat sich nicht erhalten, doch überliefert eine Abschrift den Urkundentext: Er findet sich im Kopialbuch (oder Chartular) des untergegangenen Augustinerinnenklosters „Unserer Lieben Frau vor den Toren der Stadt Andernach", das schon im späten Mittelalter nach dem englischen Märtyrerbischof Thomas Becket allgemein „St. Thomas" genannt wurde. Der lateinische Text der Urkunde (Abb. 2), die im Folgenden zu Ehren des Ahnherrn einfach als „Albero von Langenbahn"-Urkunde bezeichnet werden soll, lautet folgendermaßen:

9

Abb. 1: Burgruine Virneburg

Lateinischer
Text der
Urkunde von
1235

„Notum sit universis Christi fidelibus tam presentibus quam futuris presentem paginam inspecturis, quod ego Hermannus comes de Firneburg communicata manu filii nostri Roberti et fratris nostri Philippi et dilecti patrui nostri Friderici curtem in Cottenheim et universa bona eidem attinentia, quam Sibertus et fratres ipsius in feudo a nobis tenuerunt, omni iure, quod in ea habuimus, abrenunciato, eidem S. et successoribus suis liberam contradidimus. Ut autem hoc factum ratum et firmum maneat, presens scriptum sigilli nostri impressione fecimus communiri. Acta sunt hec presentibus idoneis viris Henrico nobili viro et pueris suis.

10

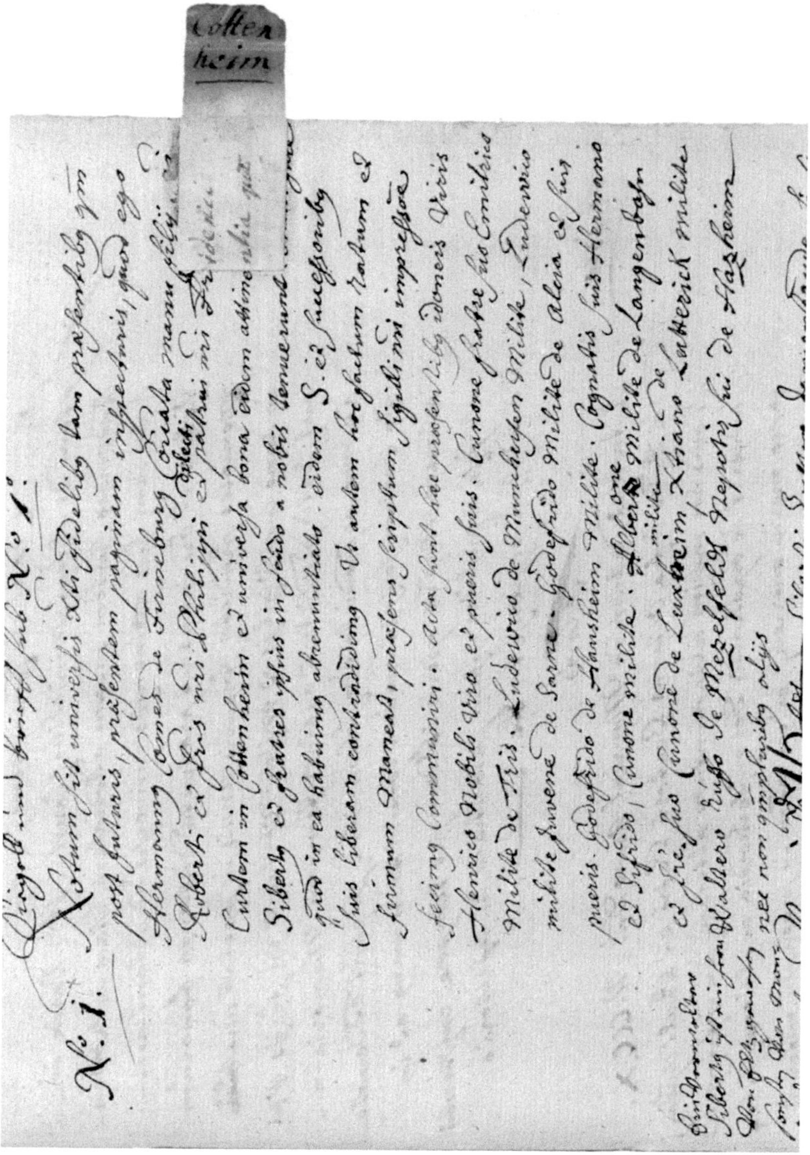

Abb. 2: Abschrift der „Albero von Langenbahn"-Urkunde

Cunone fratre suo. Emilrico milite de Tris. Ludewi-
co de Munchusen milite. Ludewico milite iuvene de
Sarne. Godefrido milite de Alcia et suis pueris. Gode-
frido de Hausheim milite. Cognatis suis Hermanno et
Sifrido. Cunone milite. **Alberone milite de Langen-**
bahn et fratre suo Cunone de Luxheim milite.
Christiano de Lutterick milite. Waltero rufo de Me-
zelfeldt nepoti suo de Hazheim necnon quam pluribus
aliis."[2]

Die „Albero-
Urkunde" in
deutscher
Übersetzung

Übersetzt klingt das in etwa so: „Es sei allen Christgläu-
bigen bekannt, den jetzt Lebenden wie den Künftigen,
wenn sie das vorliegende Dokument zu Gesicht bekom-
men, dass ich Hermann, Graf von Virneburg, unter
Mitwirkung unseres Sohnes Robert, unseres Bruders
Philipp und unseres geliebten Oheims Friedrich den Hof
in Kottenheim - samt allen damit verbundenen Gütern
-, den Sibert und dessen Brüder von uns als Lehen erhalten hatten, mit ganzem Recht, das wir daran hatten,
und darauf verzichtend, demselben Sibert und seinen
Nachfolgern als freies übergeben haben. Damit dieser
Vorgang aber gültig und abgesichert bleibt, haben wir
das vorliegende Schriftstück durch Eindrücken unseres
Siegels bekräftigen lassen. Das ist verhandelt worden
durch geeignete Männer: durch Heinrich, einen Mann
von Adel, und seine Kinder, Cuno, seinen Bruder, Ritter Emilrich von Treis, Ritter Ludwig von Munchusen,
Ludwig, den jugendlichen Ritter de Sarne, Gottfried,

12

Ritter von Eltz, und seine Kinder, Ritter Gottfried von Hausheim, seine Verwandten Hermann und Sifrid, Ritter Kuno, **Albero, Ritter von Langenbahn, und seinen Bruder Ritter Kuno von Luxem,** Ritter Christian von Lutterich , Ritter Walter Rufus von Mezelfeldt und seinen Neffen von Hazheim sowie durch mehrere andere."

Das unspektakuläre Schriftstück eröffnet uns einen kleinen Einblick in die Lebenswelt des „Ahnherrn" der Langenbahns und auf die Menschen, die er kannte oder mit denen er zu tun hatte. Da ist zunächst der Aussteller der Urkunde selbst, Hermann V., der von 1204-1238 als Graf von Virneburg regierte. Er hatte sich vor dem Rechtsakt mit den männlichen Vertretern seiner Sippe beraten und ihre Zustimmung erwirkt. Das sind – zuerst genannt – sein Sohn, der ihm als Robert I. von Virneburg (1238-1242) nachfolgen wird, dann Hermanns Bruder Philipp I. von Virneburg. Zwischen beiden Brüdern war es wenige Jahre zuvor zu einer Auseinandersetzung gekommen, die 1229 durch eine Erbteilung beigelegt worden war. Die darüber angefertigte Urkunde stellt überhaupt „die erste große Nachricht über die Grafschaft"[3] der Virneburger dar. Fortan führte allein Hermann den Grafentitel. Aus der Reihe der Verwandten erscheint schließlich Friedrich besonders herausgehoben. Der Bruder von Hermanns Vater Gottfried (1192-1204) wird „geliebter Onkel" ge-

Hermann von Virneburg zwischen Macht und Kloster

13

nannt. Im nächsten Kapitel werden wir ihn noch einmal treffen, denn Friedrich dürfte der Virneburger gewesen sein, mit dem Albero von Langenbahn am Engsten zu tun hatte. Mit Sohn, Bruder und Onkel hat Graf Hermann die wichtigsten Virneburger dieser Zeit genannt. Der Graf selbst war damals schon Witwer. Seine Gattin Lukardis, Tochter des Grafen von Nassau und Elisas von Schaumburg, war vor dem Jahr 1222 verstorben. Doch 1238 ließ Hermann Besitz und Macht – auch das Erbe das ihm durch seine Frau zugefallen war – hinter sich und „tauschte" seine Burg gegen das Kloster: Als mittelalterlicher Mensch war er um sein Seelenheil besorgt und trat in die Zisterzienserabtei Himmerod in der Südeifel ein, um dort als Konverse (Laienbruder) seinen Lebensabend zu beschließen.[4]

Eine Dynastie
im Aufwind

Die Virneburger waren zum Zeitpunkt der Abfassung der Urkunde eine noch kleine Dynastie. Angesichts ihres späteren Territoriums hat man von einem „entwicklungsfähigen Embryo"[5] gesprochen. Doch bis zum 14. Jahrhundert wird die Familie ihre Position so ausgebaut haben, dass sie bis in die Reichspolitik hinein Einfluss nehmen kann. Von Hermanns Urenkeln lenkte einer als Heinrich II. (von Virneburg) von 1306 bis 1332 die Geschicke des Erzbistums Köln,[6] und eine von Heinrichs Schwestern stand als Äbtissin dem Konvent von St. Maria im Kapitol vor. In der darauf folgenden Generation wurde ein anderer Heinrich Erzbischof vom

Mainz (1328-1346) und Elisabeth Gemahlin der Herzogs von Österreich. Der Stammsitz der Virneburger lag im Nitztal bei Mayen. Von der Burganlage, die 1676 von französischen Truppen niedergebrannt wurde, sind heute nur noch Ruinen erhalten (Abb. 1).

Doch damit sind wir schon in die Epoche geraten, in der Wilhelm Langenbahn Obermendig in Richtung Bliesgau verlassen hat. Zurück zur Urkunde: Bei dem hier bezeugten Rechtsgeschäft handelt es sich um eine sogenannte Allodifikation. Die Virneburger hatten bisher dem Ritter Sibert ihren Hof zu Kottenheim zu Lehen gegeben.[7] Doch nun verzichteten sie auf diesen Hof, die dazugehörigen Güter und ihre Rechte daran und beurkundeten, dass fortan Sibert mit seinen Brüdern und deren Nachfolger darüber als freies Eigentum verfügen konnten. Der Rechtsakt wurde in Anwesenheit mehrerer Zeugen vollzogen.[8] Zuerst sind die mit Adelsprädikat versehenen Personen oder Personengruppen aufgeführt. Als Dienstmannen oder Ministerialen tauchen der Ritter Albero und sein Bruder gegen Ende der Liste auf. Die Ministerialen bildeten im Deutschen Reich einen eigenen, gesellschaftlich gehobenen Stand, der eine gewisse Abhängigkeit einschloss.[9] Als Ritter verfügte Albero zumindest über ein Pferd, und selbst seine Nachkommen durften sich als „Ritter" begreifen. Auch wenn Albero „de Langenbahn" wohl keine adelsgleiche Stellung zukam, dokumentiert die Urkunde den sozialen

Alberos gesellschaftliche Stellung

15

Rang und sein Ansehen. Dass er seinen Namen vom Hof „Langenbahn" hatte, der zum gräflichen Besitz der Virneburger gehörte, verrät uns erst eine spätere Urkunde.

4

Der Namensgeber: „Langenbane" bei Rieden

Albero hatte mit Ritter Kuno „de Luxheim" noch einen – urkundlich bezeugten – Bruder. Beide trugen also noch keinen erblichen Geschlechternamen, sondern nannten sich nach zwei verschiedenen Orten: „de Langenbahn" – „de Luxheim". Luxem, wie „Luxheim" heute heißt, liegt nur einen Katzensprung von Virneburg entfernt – und die kleine Gemeinde dürfte ihre Ersterwähnung der Nennung „unseres" Kuno in der Urkunde von 1235 verdanken.[10] Was nun mit „von Langenbahn" gemeint ist, erfährt man genauer aus einer Urkunde des Jahres 1263:

Noch kein Familienname

„Quoniam ea que temporaliter geruntur per obliuionem facile negliguntur . si non seniorum aut litterarum testimonio firmantur . inde est quod nos Roisemannus nobilis domnus de Kempenich uerbo et scripto vniuersis tenorem presentium uidentibus libere protestamur . quod Fridericus noster consanguineus olim dominus in Virnenburg una cum matertera nostra conjuge sua domna Lukarde **curtim in Langenbane** *cum omnibus suis appendiciis et omni jure suo . quam uidelicet curtem predicta nobilis L. obpigneratam propria redemerat pecunia . communicata manu et unanimi consensu presentibus et consentientibus nobis una cum matre nostra Hadewige nobili de Kempenich ecclesie beate Marie virginis in Rumersdorph super altare presente domno . Henrico nobili de Isenburch et aliis videlicet Henrico Coluichin . Arnoldo Ludolf . Damaro de Hembach militibus et aliis pluribus fidedignis in elemosinam perpetuam pro remedio animarum suarum post utriusque decessum liberaliter contulerunt. Quam oblacionem abbas sub proiectione et anathemate domni apostolici constituens nequis injuriosus ejusdem elemosine succederet inuasor auctoritate sacerdotali spiritualiter roborauit. Hujus rei testes sumus parati pro defensione dicte elemosine contra omnem hominem veritati testimonium perhibere. Datum anno domini M . CC . sexagesimo tertio . in die Fabiani et Sebastiani.*[11]

Auf Deutsch lautet der Anfang der Urkunde folgendermaßen:

„Da das, was im Zeitlichen verhandelt wird, durch Ver-
gessen leicht vernachlässigt wird, wenn es nicht durch
das Zeugnis der Älteren oder von Urkunden bekräftigt
wird, daher bezeugen wir, Rosemann, Edelmann von
Kempenich, frei mit Wort und Schrift diesen Vertrag
der Anwesenden allen, die diesen sehen werden, dass
unser Verwandter Friedrich, einst Herr in Virneburg,
zusammen mit unserer Tante, seiner Frau Lukardis,
den **Hof in Langenbane** mit allem, was dazu gehört
und mit allen Rechten … der Kirche der seligen Jung-
frau Maria in Rommersdorf über dem Altar … frei
übertragen haben – als ewige Schenkung zum Heil ihrer
Seelen nach ihrer beider Heimgang."

An der im Landeshauptarchiv Koblenz aufbewahrten
Urkunde hängt an grüner Seidenschnur das beschädigte,
aber restaurierte Siegel des Rosemann von Kempenich(-
Isenburg). Sogenannte „Rückvermerke" bekunden, dass
an diesem Schriftstück längeres Interesse bestand und es
mehrmals von einem Archivar angesehen wurde.[12] Der
erste Vermerk stammt aus dem 13. Jahrhundert und
scheint schon angebracht worden zu sein, nachdem man
die Urkunde verfasst hatte. Er lautet: „Super curtem
in Langenbane" und bedeutet soviel wie: „Betrifft den
Hof in Langenbane".

Das Schreiben hält den Wechsel des Hofes in den Besitz der rechtsrheinisch bei Neuwied gelegenen Prämonstratenserabtei Rommersdorf fest. Es datiert ins Jahr 1263 und ist am Gedenktag des römischen Papstes Fabianus und des Märtyrers Sebastian ausgestellt, der heute wie im Mittelalter am 20. Januar begangen wird. Die Schenkung erfolgte aber nicht erst am 20. Januar 1263, sondern lag zu diesem Zeitpunkt schon einige Jahre zurück. Rosemanns Mutter Hedwig I. von Kempenich, die bei diesem Akt dabei war,[13] war bereits vor 1252 gestorben. Auch der fromme Stifter lebte im Jahr der Urkundenausstellung nicht mehr. „Unser Verwandter Friedrich, einst Herr in Virneburg", wie ihn die Urkunde bezeichnet, war schon 1235 verstorben.

Rosemanns
Beziehungen
nach
Rommersdorf
und zu den
Virneburgern

Warum Rosemann von Kempenich(-Isenburg) – mit latinisiertem Namen hieß er Arrois – sich für eine Schenkung seiner Verwandtschaft interessierte und in Form einer nachträglichen Bestätigung engagierte, leuchtet erst ein, wenn man weiß, dass er mütterlicherseits von den Edelfreien von Isenburg abstammte.[14] Die Isenburger aber hatten Kloster Rommersdorf - ursprünglich als Benediktinerkloster - gegründet und als Grablege ihres Geschlechts ausgewählt.[15]

Was die Beziehungen zu den Virneburgern betrifft, so hatte seine Tante Lukardis – eine Schwester seiner schon erwähnten Mutter Hedwig – in zweiter Ehe Friedrich von Virneburg geheiratet.[16] Die Ehe war kinderlos geblieben. Um über den Hof „in Langenbane" zu verfügen und den Prämonstratensern in Rommersdorf schenken zu können, hat Lukardis, die ihren Gatten Friedrich überlebt haben dürfte, dem Virneburger Grafen in Form von Geld einen Ausgleich geschaffen. Was den Zeitpunkt der Bestätigung angeht, so darf man vermuten, dass Rosemann sein Ende nahen fühlte und mehrere Vorkehrungen traf, sein Seelenheil zu sichern. Denn in seinem letzten Lebensjahr hat er den Rommersdorfern außerdem den rechtmäßigen Besitz des Lohenwäldchens beurkundet, der weder von seinem Vater noch von ihm angetastet worden war.[17]

Dennoch tun sich hinter der Schenkung des Langenbahn-Hofes aus Sicht der Geschichtsforschung Fragezeichen auf. Ein erstes ergibt sich daraus, dass von den eigentlichen Stiftern – Friedrich von Virneburg und seiner Frau Lukardis von Kempenich – selbst keine Urkunde vorliegt. Ein zweites, größeres Fragezeichen wirft das Faktum auf, dass trotz der Urkunde des Rosemann zweifelhaft bleibt, ob die Prämonstratenser von Rommersdorf je den Hof Langenbahn in Besitz genommen haben. Einer der frühen Historiker des Stifts, Julius Wegeler, vermerkt:„ ... denn nie geschieht seiner fernerhin Erwähnung" [18]. Das will sagen: Man hat die Urkunde im Rommersdorfer Stiftsarchiv zwar treulich verwahrt, aber es fehlt darüber hinaus jeder Hinweis darauf, dass die Prämonstratenser zu irgendeinem Zeitpunkt An-

Der Wirtschaftshof „in Langenbane" in Rommersdorfer Besitz – drei Fragezeichen

spruch auf diesen Wirtschaftshof geltend gemacht haben. Damit ist fraglich, ob die Schenkung Friedrichs und Lukardis überhaupt rechtskräftig geworden ist. Hinzu kommt schließlich noch eine dritte Beobachtung: Die Namen von Verstorbenen, die mit einer geistlichen Gemeinschaft in erinnerungswürdiger Verbindung standen, wurden im Mittelalter in sog. Nekrologien eingetragen. Aus diesen kalendarisch angelegten „Totenbüchern" wurde (im sog. Kapitelsoffizium) vorgelesen, um am Todestag der Wohltäter zu gedenken und für sie zu beten. Nun hat Friedrich von Virneburg im Rommersdorfer Nekrologium aber nicht die aufgrund seiner Schenkung zu erwartende Memorie erhalten; der Eintrag vom 15. Oktober: „Dominae Lucardis de Virneburg" kann sich auch auf eine andere Lukardis beziehen. Rosemann fehlt ebenfalls im Nekrolog. Dagegen wird seiner Mutter Hedwig von Kempenich am 30. April gedacht.[19] Kurzum: Es sieht ganz danach aus, dass das von Rosemann von Kempenich ausgestellte Schriftstück ohne Wirkung geblieben ist und der virneburgische Hof „in Langenbane" nie aus dem gräflichen Besitz herausgelöst wurde.[20] Da der Hof Virneburger Lehen derer von Breidbach-Bürresheim war, dürfte er trotz der vorliegenden Urkunde bis zur Lehnsvergabe - wohl im Jahr 1538 - unumschränktes Eigentum der Virneburger Grafen geblieben sein.[21]

Albero von Langenbahn wird in der Urkunde von 1263 nicht mehr genannt: Ob er damals noch lebte, ist ungewiss und eher unwahrscheinlich. Sicher dagegen ist, dass er nach dem in diesem Schriftstück erwähnten Hof, der „in Langenbane" lag, seinen Namen erhalten hat.[22] Die Urkunde Rosemanns ist noch in einem zweiten Punkt aufschlussreich: Bei dem dort genannten „Verwandten Friedrich, einst Herr in Virneburg" handelt sich genau um jenen Friedrich, den wir bereits in der „Albero-Urkunde" von 1235 als den „geliebten Onkel" des Grafen Hermann von Virneburg kennengelernt haben. Albero von Langenbahn dürfte also ein Gefolgsmann Friedrichs von Virneburg gewesen und in dieser Gefolgschaft in die Zeugenreihe der Urkunde von 1235 geraten sein. „Unser" Albero war also Ministeriale – d.h. unfreier Dienstmann – der Grafen von Virneburg. Wir können davon ausgehen, dass er in deren Auftrag den „curtis in Langenbane" verwaltet, bewirtschaftet und mit seiner Familie bewohnt hat.

Albero – Hofverwalter im Auftrag Friedrichs von Virneburg

Nicht Albero de Langenbahn gab dem Hof seinen Namen, sondern sein Hof lag „in Langenbane". „Langenbane" bezeichnet somit einen größeren örtlichen „Wirtschaftsraum", der von Alberos Hof aus versorgt wurde. Über dessen Lage südöstlich von Rieden besteht keinerlei Zweifel. Rieden, erstmals im Jahr 895 als „Ridena" erwähnt, liegt in der östlichen Vulkaneifel.[23] Der berühmte Caesarius von Heisterbach (ca. 1180- nach

Langenbane – eine Flurbezeichnung

1240), Mönch in der bei Königswinter gelegenen Zisterzienserabtei und ein Zeitgenosse des Ritters Albero von Langenbahn, erwähnt im zweiten Buch seiner „Libri VIII miraculorum" den Ort und bezeugt mit einem Glöckner (campanarius) „in Reyde" zugleich die Existenz einer wohl romanischen Kirche.[24] Wer heute die Lage des Hofes ausmachen will, wird sich an dem durch Rieden fließenden Bach orientieren, der 1981 zu einem See aufgestaut wurde. Auf einem Plateau oberhalb der Staumauer des „Riedener Waldsees" lag der „Langenbahner Hof" (vgl. Abb. 4). In der Grenzbeschreibung von Pfarrer Johannes Kolb († 1585), die auf die Frage: „Wieviel breit unseres Herrn Landschaft geht?" antwortet, wird der „Langenbahner pfahd" und „hoff Langenbahn" gleich mehrfach erwähnt.[25] Es sind mehrere Flurkarten vom Anfang des 19. Jahrhunderts überliefert, in denen die Hofanlage eingezeichnet ist. Im Supplementar-Flurbuch von Rieden für die Jahre 1831-1853,[26] in dem die Grenzveränderungen dieser Jahre in zeichnerischer und schriftlicher Form festgehalten sind, ist nur noch von der Grundfläche der Hofgebäude die Rede. Im Steuerjahr 1836 wurde das Gelände in neue Parzellen eingeteilt. Sie wurden von Riedener Bürgern erworben und – unter den Titeln „Hütung" und „Garten" geringfügig besteuert – genutzt. Der letzte adelige Besitzer war, wie im „Güter-Verzeichniß" für 1827 belegt ist, der Graf von „Rennes" (= von Renesse), wohnhaft in Koblenz[27]. Aber schon zu diesem Zeitpunkt war der Langenbah-

24

nerhof Wüstung, so dass man annehmen muss, dass die große Anlage beim Vordringen der französischen Revolutionstruppen 1794 zerstört worden war. Zwei Höfe Langenbahn – wie Wilhelm Arnold Günther behauptete und andere bei ihm abgeschrieben haben – hat es nie gegeben.[28] Diese Annahme geht auf den Eintrag auf dem „Uebersichts=Handriß der Gemeine Rieden. Regierungs Bezirk Coblenz. Kreis Mayen. Burgermeisterei St. Johann. Ausgefertigt im Jahr 1827 durch Geometer Weißenfels"[29] zurück, die falsch verstanden wurde. Dort ist nur ein einziger „Langenbahnerhof" abgebildet und – davon etwas abgesetzt – „Flur XVI genannt Langenbahnerhof" eingetragen.

Noch in den 70er-Jahren des letzten Jahrhunderts spielten Riedener Kinder auf dem Gelände in den verbliebenen Mauerresten.[30] Heute erinnert nur mehr ein Straßenname am Ortsausgang von Rieden an den einstigen Wirtschaftshof der Grafen von Virneburg. (Abb. 12)

Der Befund, den die Karten vom Hof „in Langenbane" vermitteln (Abb. 3), passt ziemlich genau zu dem, was in etymologischen Wörterbüchern zur Bedeutung von „Langenbane" auszumachen ist. „Bahn [ban]" so unterrichten uns schon die Gebrüder Grimm – nicht nur als Sammler von Haus- und Kindermärchen bekannt, sondern auch Verfasser eines vielbändigen „Deutschen Wörterbuches" – sei ein „für die geschichte unserer

Langenbane = eine breite Schneise durch den Wald

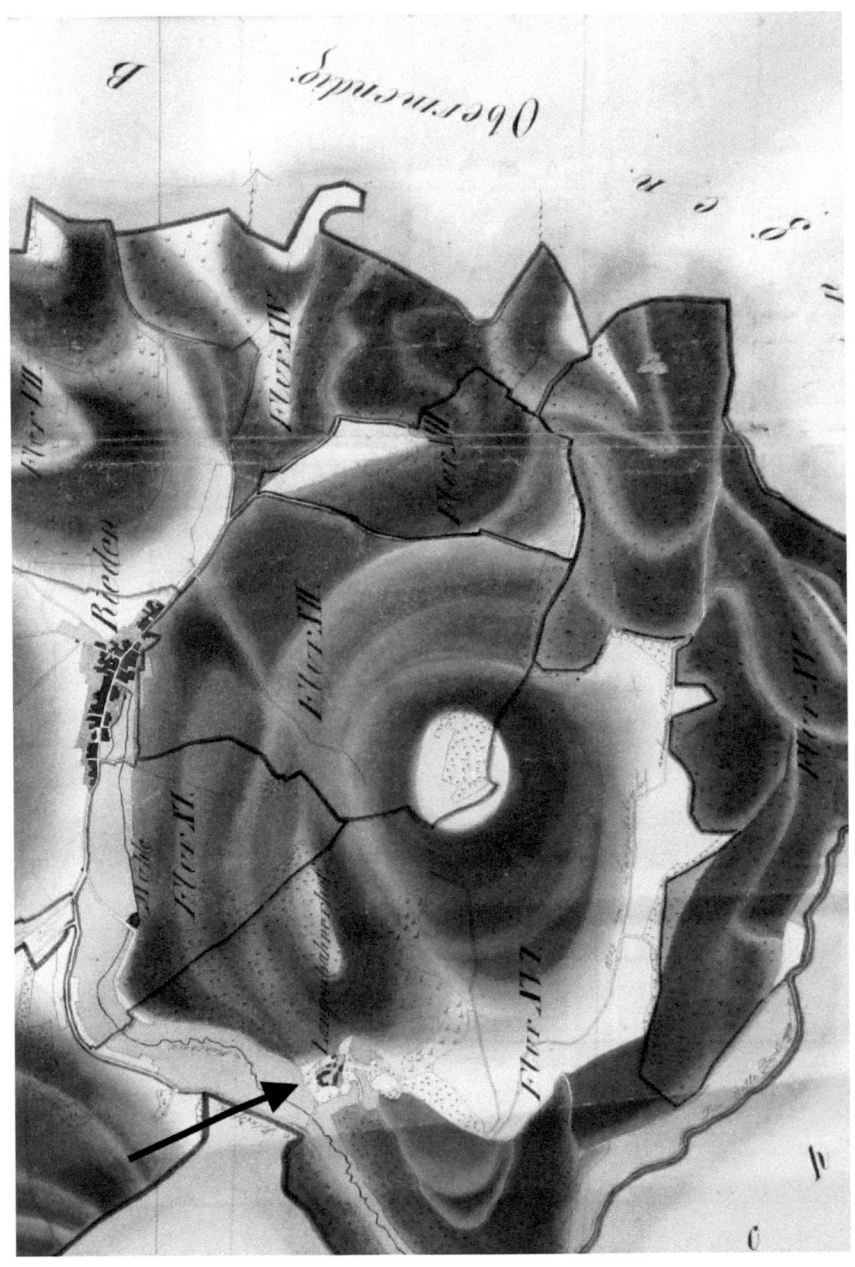

Abb. 3: Der Pfeil zeigt auf den „Langenbahnerhof". Die
weiße Fläche innerhalb der zum Hof gehörigen Flur XVI
zeigt die Schneise durch den Wald: die „Langenbahn". Sie
ist vom „Weg zum Langenbahnerhof" durchzogen.

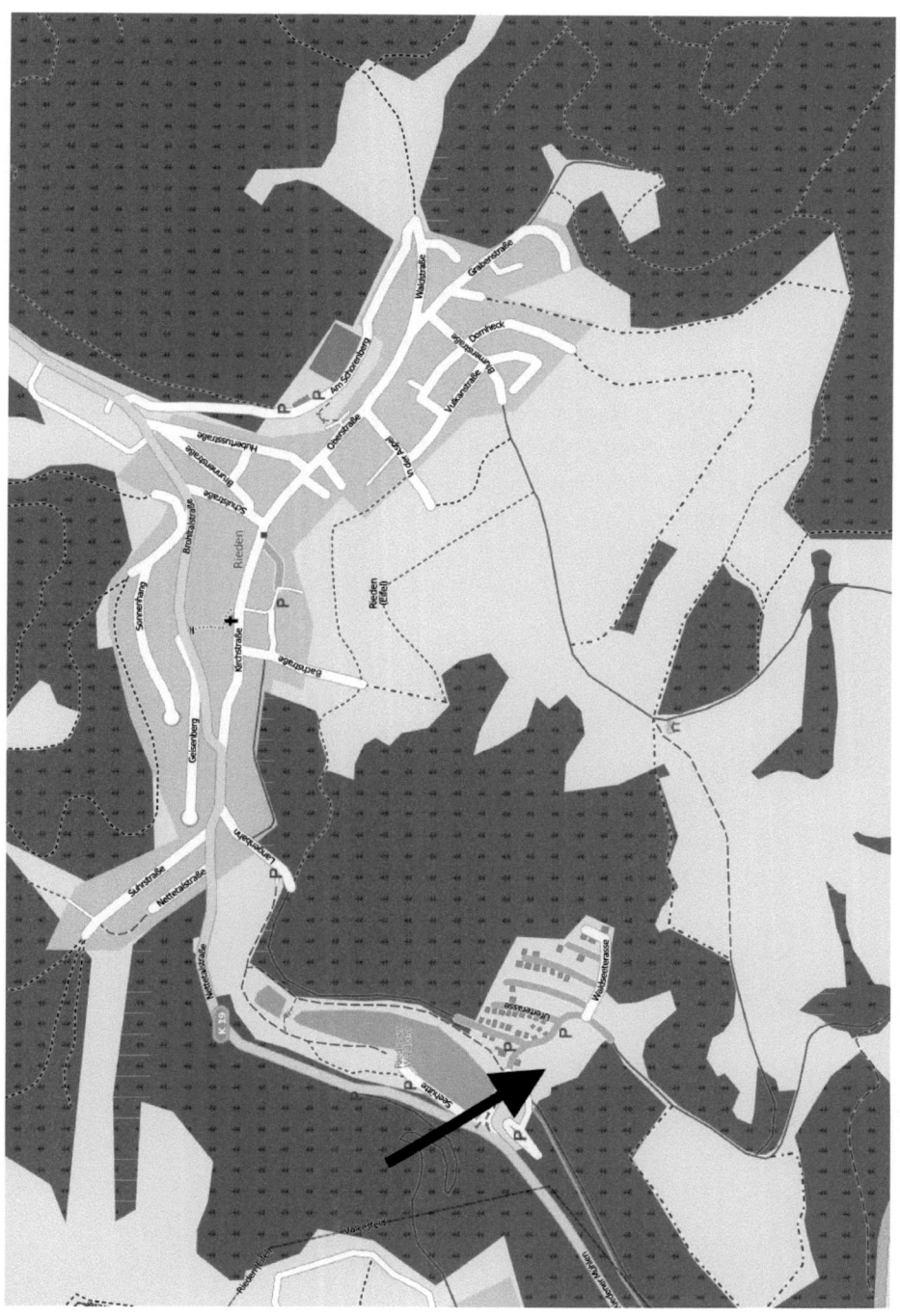

Abb. 4: Aktuelle Karte von Rieden

sprache lehrreiches wort".[31] Wie und warum dem so ist, erläutern sie gelehrt über drei Abschnitte hin und fassen dann das Ganze folgendermaßen zusammen: „Bahn also bezeichnet den durch ungangbare, unfahrbare gegend, über raue, schwierige stellen getretenen, gebrochenen, geebneten, geglätteten weg oder pfad".[32] Und bevor Jacob und Wilhelm Grimm zu den Redensarten mit „bahn" übergehen, wird schließlich noch der Deutschen Dichterfürst von Goethe bemüht: „An sich drückt bahn einen gemachten weg über das land aus und steht insofern dem fluss gegenüber, der einen natürlichen Weg bildet:

,und zwei zusammen sehen flusz und bahn
und berg und busch sogleich ganz anders an.' Göthe 3,139."[33]

Für „lang", das wir als Adjektiv zu „Bahn" verstehen, bedarf es keiner umständlichen Erklärung. Es bedeutet: „sich in der ausdehnung der linie erstreckend".[34] In der Tat lag der Langenbahn-Hof „in Langenbane": am Anfang einer sich hinziehenden Schneise, die man durch den Wald geschlagen hatte und fortan als Ackerfläche genutzt werden konnte.

Unterschied von Familiennamen und Zusatz im Namen der Hofmänner

Da der Hof über sechs Jahrhunderte fortbestand, überrascht nicht, dass es bei Rieden auch nach Albero weiterhin „von Langenbahn" gab. Das scheint eine – bislang leider noch nicht identifizierte – Urkunde von 1538 zu belegen. Sie erwähnt einen Caspar von Langenbahn, der in der Familienforschung bislang als erster nachweisbarer „Langenbahn" gegolten hatte.[35] Wenn nicht alles täuscht ist diese „Lehnsurkunde" identisch mit dem für dieses Jahr 1538 erwähnten „Haußbrief", in dem „‚Graf Cuno von Virneburg seinen Langenbahnerhof dem Erlauchten Wilhelm von Breitbach, Herr zu Bürresheim' verkaufte".[36] Möglicherweise wurde aber Caspar mit einem 1725 belegten „Caspar Hofmann uf Langenbahn" verwechselt.[37] Für die Geschichte des Familiennamens sind daher zwei Dinge festzuhalten: Erstens: Irgendwann – der Zeitpunkt ist noch nicht geklärt – werden sich die Wirtschaftsleute des Hofes nicht mehr nach der Domäne nennen, sondern sind „Hofmann auf Langenbahn" oder tragen ihre eigenen Familiennamen. So geht z.B. aus dem Ortsfamilienbuch Rieden/Volkesfeld 1702-1899 hervor, dass Maria Catharina Schäfer im letzten Drittel des 18. Jahrhunderts „Hoffrau von Langenbahn"[38] war. Und das Kreuz für den vom Blitz erschlagenen Wilhelm Doll vom Langenbahner Hof liefert ein weiteres Beispiel dafür, dass die Hofleute nun keine „von Langenbahn" mehr sind.[39] Zweitens: Irgendwann gibt es „von Langenbahn", die sich zwar nach dem Namen des Virneburger Hofes in der Langenbane genannten Flur benennen, aber nicht mehr vor Ort wohnen. Damit ist der Name des Hofes zum Familiennamen geworden.

Der letzte Riedener Langenbahn, der uns bisher in den Quellen begegnet ist, heißt Cornelius. Er hat vor genau dreieinhalb Jahrhunderten – zufälligerweise in dem Jahr, in dem die Obermendiger Langenbahns in den Bliesgau zogen – zwei Kreuze gestiftet. Die Inschriften der in Rieden und in Ettringen aufgestellten Kreuze lauten:

AO 1663. O HOFFIRDIGER (hoffährtiger) MENSCH, LEIGNIR (verleugne) DEIN STVLSES HERZ, AVF DAS ES DIR NIT BRINCK EIN SCHMERTZ, V(nd) BEDENK, WAS ICH V(ür) DICH GELIEDE HAN EINE SCHMEHLICHEN DOT. CORNELIVS LANEN-BAN.

AO 1663. O MENSCH, SIG AN MEIN SCHMERTZ, VF (ob) EIN SCHMERTZ G(leich) SEY. CARNILLIS LANGENBAN.[40]

In den Riedener Güterverzeichnissen des 19. Jahrhunderts taucht der Name nicht mehr auf. Heute lebt in Rieden – sozusagen an der „Wiege" des Familiennamens – kein Langenbahn mehr.

5

Verbindungen mit Kloster (Maria) Laach und die mittelrheinsch-vordereifler Langenbahns

Von den Nachkommen des Albero von Langenbahn und den Nachfahren seines Bruders wissen wir nichts. Dennoch ist die Unterbrechung der Reihe der frühen Namensträger nicht so groß wie man – mit dem Hinweis auf Caspar von Langenbahn – hätte annehmen können. Schon 1447 begegnen wir mit Nikolaus und Else zwei weiteren Namensvertretern. Ob sie mit Albero verwandt waren, lässt sich nicht mehr sagen. Offensichtlich wohnten sie aber nicht oder nicht länger bei Rieden, wie sich aus ihrem Geschäft mit Abt Rudolf von Laach (1442-1458) ablesen lässt: Dieser „verpachtet

„von Langenbaene" als Pächter des Laacher Hofes zu Kell

auf zehn Jahre den Hof des Klosters zu Kell an Nikolaus vom Langenbaene und an dessen Frau Else gegen
jährlich 22 Malter Korn, zwei Malter Weizen und ein
Malter Erbsen, lieferbar nach Laach oder Andernach
oder an einen, von der Abtei bestimmten Ort, sowie
gegen ein Drittel des Ertrags von den zu diesem Hof
gehörenden Weinbergen. Die Pächter sind verpflichtet,
den Hof in Stand zu halten, ausgenommen bei Schäden
durch Kriege oder Unwetter, während Neubauten die
Abtei errichten soll."[41]

Laach -
Virneburg -
Rieden

Die Urkunde findet sich als Abschrift in dem vom
Laacher Mönch Tilmann Haeck zwischen 1498-1499
verfassten „Liber monasterii" (Abb. 5).[42] Kell, heute
ein Stadtteil von Andernach, liegt 6 km östlich der
1092/93 gegründeten Benediktinerabtei am See („See"
= lateinisch „lacus"), der ihr zum Namen „Laach" ver-
holfen hat.[43] Zufall oder nicht: Beim Laacher Hof in
Kell handelte sich um einen Hof der Virneburger. 1275
verkauften „Graf Heinrich von Virneburg und seine
Gemahlin Ponzetta ... mit Zustimmung ihres Erstge-
borenen Robert und ihrer anderen Kinder ... dem
Abt und dem Konvent von Laach für bereits bezahlte
200 Mark ihren Hof zu Kell mit allem Zubehör".[44] Da
wir die ersten von Langenbahn-Luxheim als Gefolgsleu-
te der Virneburger kennengelernt haben und uns die
nächsten Namensträger im Umfeld des Klosters Laach
begegnen, ist wenigstens anzudeuten, dass nicht zuletzt

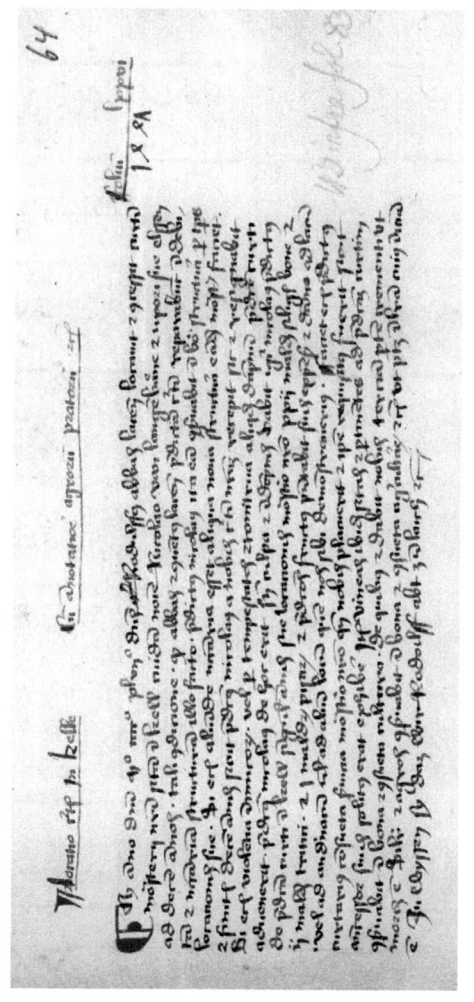

Abb. 5: Pachtvertrag mit Nicolaus und Else vom Langenbaene

aufgrund der räumliche Nähe mannigfache Verbindungen – persönlichen Kontakte und „Wirtschaftsbeziehungen" – zwischen Laach, Virneburg und den dem Kloster benachbarten Orten bestanden haben, die hier gar nicht aufgelistet werden können. Der von 1247-1249/50 den Laacher Konvent leitende Heinrich etwa soll ein Virneburger gewesen sein,[45] und der bereits erwähnte Kölner Erzbischof Heinrich II. von Virneburg bezeichnete sich 1318 als „patronus, tutor und defensor"[46] – „Patron, Schützer und Verteidiger" – Laachs. Für die Beziehungen zu Rieden muss der Hinweis genügen, dass das Kloster am See dort schon seit seiner Gründung über Besitz verfügte.[47] Abt Rudolf von Lehmen, der das Geschäft mit den Langenbahns getätigt hat, ist in der Geschichtsschreibung nicht gut weggekommen; die historische Quellen können ein solch abschätziges Urteil freilich nicht bestätigen.[48] Von Nikolaus und Else haben wir sonst keine Nachricht. Interessant ist, dass sie wie Albero de Langenbahn ein Hofgut verwalten. Die in der Mitte des 15. Jahrhunderts von ihnen gepachtete Domäne, mit Weinbergen und Kelter ausgestattet, nennt Julius Wegeler „eine der schöneren Besitzungen des Klosters".[49]

Adolf und Christine Langenban – Pächter von Bornstal

„vom Langenbane" bedeutet wohl, dass Nikolaus und seine Frau vom Langenbahn-Hof her kommen; die Schreibweise von „-bahn" mit h oder e besagt nicht mehr als dass das Wort – wie heute noch – gedehnt ausgespro-

chen wurde. Ungefähr von da an war „Langenbahn"
ein echter Familienname, der nun Verwandtschaft der
Namensträger bedeutet. Keine offensichtliche Verbindung mehr zum Hof „in Langenbane" findet man bei
Adolf und Christine Langenban. Sie sind in der Urkunde von 1619/21, als Pächter des Hofes Bornstal (auch
Bochstall, Barstel, Borstal genannt) am Laacher See
bezeugt.[50] Bornstal war der Laach nächstgelegene Klos-
terhof und befand sich an der Straße nach Niedermendig.[51] Vor der Gründung der Abtei im Jahr 1093 war
Bornstal „vermutlich als ursprünglicher Wirtschaftshof
der pfalzgräflichen Burg am See entstanden".[52] Noch
ein drittes Zeugnis weist auf eine Verbindung von Langenbahns mit Kloster Laach hin: Der Laacher Nekrolog
erwähnt einen Adam aus Niedermendig als Wohltäter
der Laacher Mönche. Seine Memorie hat unter dem 16.
November eine Hand des 17. Jahrhunderts eingetragen:
„Adamus Langenban ex inferiori Mendigh benefactor
monasterii" (vgl. Abb. 6). Leider lässt sich über eine
Verwandtschaft des Adam aus Niedermendig und des
Wilhelm Langenbahn von Obermendig – von dem gleich
noch ausführlicher die Rede sein wird – mit Adolf und
Christine nur spekulieren.

Der Niedermendiger Adam Langenbahn steht stellver-
tretend für die vielen, die mit diesem Familiennamen
seitdem im Viereck von Mayen, Koblenz, Neuwied und
Ahrweiler und in deren Nachbarschaft gelebt haben

Langenbahns
im Großraum
Mayen-Koblenz

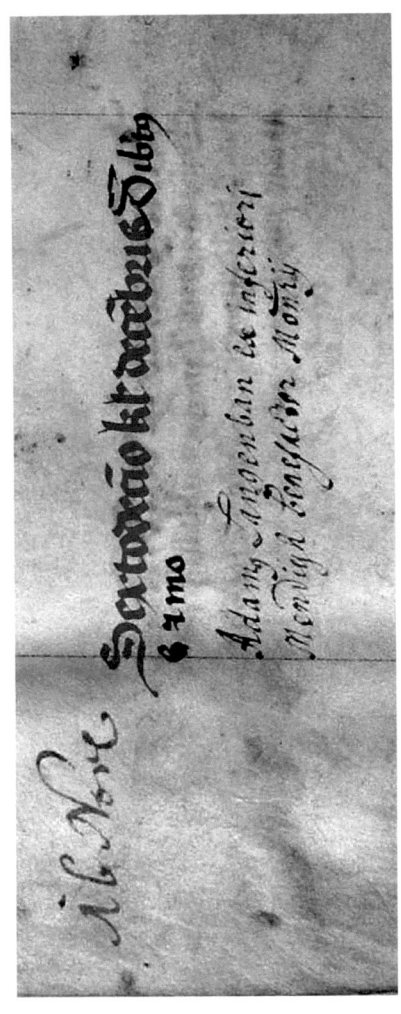

Abb. 6: Adam Langenbahn aus Obermendig: Eintrag
zum 16. November im Laacher Nekrolog

und immer noch leben.[53] Unter diesen seien die Familienmitglieder aus Polch hervorgehoben. Dort wurde 1615 mit Bartholomäus ein Langenbahn geboren, der eine genealogische Liste von insgesamt 76 Trägern des Namens in Polch anführt.[54] Er steht damit zeitlich vor einem Langenbahn, der – der Überlieferung folgend – ebendort für das Jahr 1621 verzeichnet sein soll[55] und in der bisherigen Familiengeschichte als „zweiter" in der langenbahnschen Chronologie angesehen war. Weiterhin wird für Polch, Viedel, Ruitsch und Kaan – heute Stadtteile von Polch – aus dem Jahr 1702 eine Liste überliefert, die die „Haushaltungsvorstände, ... d.h. verheiratete und unverheiratete Männer und Witwen" aufführt. Darin findet sich für Polch „Thönnes Langenbahns Witwe (Langenbahn)" und ein „Jacob Langenbahn".[56] Unter den Heimburgen (Dorfvorstehern) und Bürgermeistern ist 1790/1791 ein „Johann Adam Langenbahn" erwähnt.[57]

Doch zurück ins 17. Jahrhundert und zu Adam Langenbahn aus Niedermendig. Mit ihm bewegen wir uns zeitlich wie räumlich dicht bei Wilhelm Langenbahn aus Obermendig, der kurz nach dem Dreißigjährigen Krieg das Land seiner Vorfahren verlassen hat.

Abb. 7: Ausschnitt aus dem Grabdenkmal für Eva von Mauchenheim zu Zweibrücken (†1512) im nördlichen Querschiff der Abteikirche Maria Laach

6

Die Bebelsheimer Langenbahns und ihre „Ableger" in der Region Saar-Pfalz

Gegen Ende des Jahres 1662 oder Anfang 1663 verlässt eine Langenbahn-Familie die angestammte Heimat: Wilhelm und Wendelina sind nachweislich die ersten Langenbahns, die ausgewandert sind. Sie werden die Stammeltern der heute im südöstlichen Teil des Saarlandes und der in den daran angrenzenden Gebieten lebenden Namensträger sowie des US-amerikanischen Zweiges. Wilhelm und seine Familie wählten sich Bebelsheim (heute Ortsteil von Mandelbachtal) als Heimat.[58] War es eine echte Wahl oder sind sie dort nur „gestrandet"?

Ein neuer Zweig entsteht: 1663

Der Zeitpunkt ihrer Ankunft im Bliesgau kann recht
genau angegeben werden, denn die Quellenlage erweist
sich für das 17. Jahrhundert günstiger als für das späte
Mittelalter. Aus den Kirchenbüchern von Bebelsheim,
die auch der Familienforschung unserer amerikanischen
Verwandten zugrunde liegen,[59] ist zu erfahren, dass
Wilhelm Langenbahn und Wendelina Meurers noch
in der alten Heimat vier Kinder geschenkt wurden:
Philipp, am 3. April 1658 in Obermendig, 1660 Arnold und Catharina – vielleicht Zwillinge – und am 8.
Okt. 1662 Gerhard, auch in Obermendig. Anton aber
kam 1663 in Bebelsheim zur Welt († 10. April 1695).[60]
Damit steht der „Umzugstermin" fest. Wilhelms Leben sowie das seiner Gattin standen im Zeichen des
Dreißigjährigen Krieges (1618-1648). Der bald viele
europäische Länder erfassende Konflikt ging in sein
zweites Jahr als Wilhelm 1620 in Obermendig geboren wurde. Der Ort liegt etwa 3 km von Maria Laach
entfernt. In die dortige Genofeva-Kirche zogen sonn-
tags die Volkesfelder zur Heiligen Messe und – nur
am Rande gesagt – möglicherweise auch die Bewoh-
ner des dem Dorf Volkesfeld benachbarten Langenbahn
Hofes. Als Wilhelm Langenbahn und seine Frau mit
den vier Kindern in Bebelsheim eintrafen, besaß das
Bliesgau-Dorf noch seine romanische Kirche.[61] Von dieser blieben außer den Figuren der hl. Margaretha und
des hl. Remigius der romanische Rundturm erhalten,
in dem man einen Überrest der Burg der Ritterfamilie

des erstmals 1223 erwähnten „Babilin" vermutet.[62] Die 1698 durchgeführte Volkszählung zählt 110 Bebelsheimer Einwohner. Weshalb die neu zugezogene Familie nicht in der Liste aufgeführt wird,[63] bleibt noch zu klären.

Warum verließen die beiden das vertraute Umfeld und haben mit den kleinen Kindern eine gefahrvolle Reise auf sich genommen? Zweifellos trieb sie die Aussicht auf bessere Lebensverhältnisse an. Aber was waren ihre genauen Motive? Die Gegend um Laach herum galt als ausgesprochen arm. Vor allem die Bauern hatten in diesem langen Krieg unter der durchziehenden Soldateska zu leiden. Aber das Land an Blies und Saar hatte offensichtlich noch größere Verwüstungen erlitten und selbst nach dem Friedensschluss von Münster und Osnabrück 1648 sollte sich dort noch lange nicht „die ersehnte Ruhe" [64] einstellen? Feststeht, dass Wendelina und Wilhelm nicht emigrierten, weil sie ihr religiöses Bekenntnis wechseln wollten. Die Sterbebücher halten fest, dass die ersten Langenbahns im Saarland im katholischem Glauben gestorben sind und ein entsprechendes Begräbnis erhalten haben (Abb. 9). Das war ihr Herkommen. Nicht nur die Kirchenbücher bezeugen, dass sie das an ihre Kinder und Kindeskinder weitergegeben haben. An der Wahl der Vornamen und der Errichtung eines Gedenkkreuzes[65] lässt sich ablesen, dass sie katholischem Milieu entstammten und der Ortswechsel

Auswanderung
– nicht aus religiösen Gründen

nichts damit zu tun hatte, dass sie ihre religiöse Heimat hätten aufgeben wollen.

Der amerikanische, mit „Descendants of Wilhelm Langenbahn" überschriebene Stammbaum ist mit vielen interessanten Anmerkungen und Beobachtungen, auch mit Erinnerungen und Anekdotischem versehen. So wird für Wilhelm und Wendelina, dem Eintrag im Bebelsheimer Traubuch gemäß, festgehalten, dass die Ehe erst im Jahr 1673 geschlossen wurde. Da war Wilhelm bereits 43 Jahre und das erste Kind 15 Jahre alt! „Es ist möglich", so wird der eigentümliche Sachverhalt durch unsere amerikanischen Verwandten kommentiert, „dass ihnen [= Wilhelm und Wendelina] erst zu heiraten erlaubt war, als sie Landeigner geworden waren. Das Saarland war während des Dreißigjährigen Krieges verwüstet worden und der Staat bot, um die Region zu bevölkern, Anreize an in Form von religiöser Freiheit und Ländereien. Es war Brauch, dass man erst heiraten konnte, wenn man Land besaß. Wilhelm und Wendelina heirateten in Bebelsheim. Wir nehmen an, dass sie Obermendig verließen, um freies Land zu erwerben."[66] Diese Vermutung hat Vieles für sich, auch wenn es heute verwundern mag, wie die Persönlichkeitsrechte des Einzelnen vor der Französischen Revolution weithin von seiner gesellschaftlichen Stellung her bestimmt und eingeschränkt waren. Auch die Sicht von der Ehe war – trotz des Konzils von Trient, das sich gegen

Martin Luthers Vorstellung von der Ehe als „weltlich Ding" richtete – eine andere als heute, und wir können unser Denken nicht auf frühere Zeiten übertragen. Wilhelm und Wendelina durften offensichtlich aufgrund irgendwelcher Abhängigkeiten vom Grundherrn nicht heiraten. Immerhin waren sie aber frei genug, diese Abhängigkeit hinter sich zu lassen und die Vision zu entwickeln, anderswo unter besseren Voraussetzungen für sich und ihre Kinderschar selbst aufzukommen. Dieser Wunsch traf zusammen mit der „Sorge aller Territorialherren [der Saar-Blies-Region] ..., den wirtschaftlichen Wiederaufbau zu erleichtern und durch Vergünstigungen Ansiedler aus Teilen Europas, die weniger hart im Krieg gelitten hatten, hierher zu ziehen. Die gewährten Ansiedlungsanreize bestanden sowohl in reduzierten Abgaben und Frondienstleistungen als auch gelegentlich in Kultusfreiheit für Angehörige anderer Konfessionen."[67]

Wie aber haben die Obermendiger davon erfahren, dass im Bliesgau neuer Lebensraum und größere Freiheit auf sie warteten? Dazu haben wir eine These. Ein erstes „Bindeglied" zwischen dem Großraum Mayen-Koblenz und der Region um Blieskastel gab es seit dem ausgehenden Mittelalter. Eva Mauchenheimer von Zweibrücken heiratete 1456 Georg von der Leyen, wodurch dieser „einer im pfälzischen Westrich und in der Eifel reich begüterten Familie verbunden [wurde]. Diese Heirat

Derselbe Landesherr hier wie dort: Die von der Leyen

legte die entscheidende Grundlage für den Aufstieg der Familie von der Leyen. Eva brachte ihrem Gatten ... auch die Besitzanteile an Saffig und der Olbrück ... Durch sie erhielt das Leyensche Haus auch zuerst einen, wenn auch bescheidenen Besitz in Blieskastel."[68] Eva von Mauchenheim, Mutter des Laacher Abtes Simon von der Leyen (1491-1512), wurde mit weiteren Familienmitgliedern in der Marienkapelle der Abteikirche von Maria Laach bestattet. Ihr Grabstein hat die Zeitläufte überstanden und ist dort noch heute zu bewundern (Abb. 7).[69] Die von der Leyen blieben dem Kloster Laach über die Jahrhunderte hin verbunden. 1619 stiftete Johann Friedrich von der Leyen einen aus Weiberner Tuff gearbeiteten Renaissance-Altar.[70] Einen kaum mehr zu überbietenden symbolischen Ausdruck hat die Bande zwischen Laach und der Familie von der Leyen in der zweiten Hälfte des 17. Jahrhunderts gefunden: Der Trierer Kurfürst Carl Caspar von der Leyen († 1676) und der Mainzer Erzbischof Damian Hartard von der Leyen († 1668) ließen ihre Herzen im Hochchor der Abteikirche beisetzen.[71] Unter dem genannten Trierer Erzbischof konnte die Familie von der Leyen 1660 die Herrschaft Blieskastel erwerben, die „nach einem Erbfolgekrieg 1294 bis 1337 an das Erzstift Trier gefallen"[72] war. Mit welcher Raffinesse und Zähigkeit Damian Hartard und sein Bruder zu Werk gingen, um den Bliesgau für ihre eigene Dynastie und Familie zu sichern, ist am Beispiel des Erwerbs von St. Ingbert

44

bereits anschaulich aufgezeigt worden.[73] Damit sind wir wieder bei Wilhelm und Wendelina. 1661, kurz vor Wilhelms Eintreffen, waren „die Grafen von der Leyen alleinige Eigentümer von Bebelsheim"[74] geworden. Und Obermendig? Das Dorf gehörte zur Grundherrschaft des Koblenzer Stifts St. Florin, das aus seinen Rechten in Obermendig auch die Landesherrschaft ableitete. Doch 1662 erkannte St. Florin das Erzstift Trier und damit den Trierer Erzbischof - niemand anderes als Carl Caspar von der Leyen - als Landesherrn in Obermendig an.[75] Es dürfte kein Zufall sein, dass eben in diesem oder dem darauf folgenden Jahr die Langenbahns Obermendig verlassen haben. Sie scheinen demnach gut unterrichtet in ihre zukünftige Heimat aufgebrochen zu sein. Hier wie dort war Wilhelm mit seiner Familie Untertan der von der Leyen. Von diesen her war ihnen die Möglichkeit eröffnet worden, in überschaubarem Zeitrahmen recht selbstständig für den Lebensunterhalt ihrer vielköpfigen Familie aufkommen zu können. Mit der späten, wahrscheinlich bescheidenen Hochzeit dürften die Bebelsheimer Langenbahns zugleich ihr Ankommen in einem endlich selbstbestimmten Leben gefeiert haben.

In Bebelsheim haben über mehrere Generationen hinweg Langenbahns gelebt. Das „Einwohner-Verzeichnis" des Bürgermeisteramtes Bebelsheim von 1933/34 verzeichnet immer noch zwei ferne Nachkommen aus Wil-

Gedenkkreuz für Jakob Langenbahn

Abb. 8: Das „Rote Kreuz" in Bebelsheim

helms Familie.[76] Auch wenn es dort heute keinen Langenbahn mehr gibt, so hat sich ihr Name nicht nur in den Kirchenbüchern, sondern auch auf einem Steinkreuz erhalten. Es wurde zum Andenken an Jakob errichtet (Abb. 8), einen 1723 geborenen Enkel Wilhelms aus Obermendig, eines von insgesamt neun Kindern aus der Ehe Gerhards mit seiner Wendelina. Er war am 7. April 1762 an Fieber gestorben. Das sog. „Rote Kreuz" ist eines unter vielen Wegkreuzen, die im heutigen Saar-Pfalz-Kreis mindestens so häufig anzutreffen sind wie im vordereifler Stammland der Langenbahns.[77] Mit dem Langenbahn-Kreuz verknüpft sich diese Legende: „Um das Jahr 1815 kamen russische Soldaten auf ihrem Rückzug aus Frankreich durch Bebelsheim. Als sie an einem Wegkreuz vorbeiritten, hieb einer der Soldaten dem Christuskörper beide Beine mit dem Schwert ab. Dieser Reiter soll daraufhin von seinem Pferd gestürzt sein und sich beide Beine gebrochen haben. Einen andere Legende berichtet, dass der Frevler bei dem Sturz sogar ums Leben gekommen sei."[78] Man hat von einer schauerlichen Legende sprechen wollen,[79] aber schauerlich daran ist bloß die Vorstellung, Gott so klein zu denken, dass er wegen eines steinernen Bildes Rache an einem lebendigen Menschen übt.

Die Legende vom „Roten Kreuz" deutete es schon an. Die Französische Revolution hatte gravierende Folgen für das linksrheinische Gebiet. Mit der „Flucht

Politische und gesellschaftliche Umbrüche

47

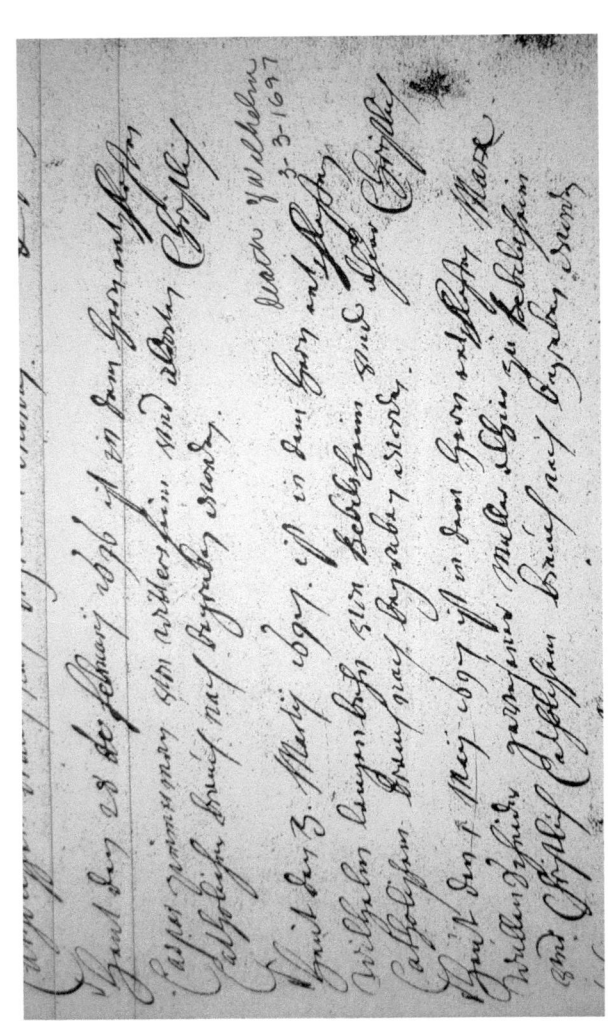

Abb. 9: Eintrag zum Tode Wilhelm Langenbahns im
Bebelsheimer Kirchenbuch

der regionalen Fürsten [darunter] ... Gräfin Marianne von der Leyen (Blieskastel) verschwanden die bis dahin bestehenden absolutistischen Staaten an Saar und Blies."[80] Fortan gehörte die Heimat der Bliesgauer Langenbahns innerhalb des „Saardépartements" zum Arrondissement Saarbrücken und darin zum Kanton Blieskastel. Napoléons Ordnung überstand den Sturz des Franzosenkaisers nicht: 1814 wurde auf dem Wiener Kongress das Gebiet zu Bayern geschlagen. Im „Bayerischen Rheinkreis" gab es fortan im zum Landkommissariat Zweibrücken gehörigen Kanton Blieskastel unter anderem eine Bürgermeisterei Bebelsheim und auch eine Bürgemeisterei Erfweiler-Ehlingen, in der ebenfalls viele Nachfahren Wilhelm Langenbahns lebten. Bei der Revolution von 1848/49, als sich das Volk gegen die restaurativen Kräfte erhob, zählte Bebelsheim 615 und Erfweiler-Ehlingen 623 Personen.[81] In diesem politische Umfeld wanderten Nachfahren Wilhelm Langenbahns in die USA aus.

Das Zeitalter der Industrialisierung brachte es mit sich, dass einige Bliesgauer Langenbahns sich zum Saar-Kohle-Revier hin orientieren, wo sie als Bergleute und Grubensteiger Untertage ihren Lebensunterhalt verdienten. Ein typisches Beispiel dürfte der jüngste Sohn von Elisabeth Stolz (1866-1913) aus Heckendalheim (heute Gemeinde Mandelbachtal) und Wilhelm Langenbahn (1866-1823) aus Erfweiler-Ehlingen (ebenfalls

Ein anderer Wilhelm Langenbahn

Gemeinde Mandelbachtal) sein: Auch er trug den Vornamen seines Obermendiger Vorfahren. Mit seinen Kumpeln zog er seit seinem vierzehnten Lebensjahr aus dem Bliesgau über die bayerisch-pfälzische Grenze nach Sulzbach, um in der Grube Mellin seinen Unterhalt zu verdienen. Wann und unter welchen Umständen sein Vater in Sulzbach ein Milchgeschäft eröffnete, scheint sich nicht mehr klären zu lassen. Der junge Wilhelm aber lernte am Grubenpfad Maria kennen. Sie war die jüngste Tochter der aus dem Nordelsass stammenden Familie Werquet.[82] Mit ihr gründete er eine Familie, so dass er nun im Sulzbachtal wohnte.

Übrigens war der Sulzbacher Wilhelm – wie die Lagenbahns aus Indiana und Ohio – Nachfahre eines Sohnes von Jakob Langenbahn.

7

Die Langenbahn Familie in Amerika

Der folgende Text ist ein Beitrag von John K. Langenbahn. Wir drucken sowohl den englischen Originaltext als auch eine deutschsprachige Übersetzung ab.

The German immigration to America in the latter half of the 19th Century probably had multiple causes, but the proximate cause was political unrest and rebellion in the German states.

The years of the 1840's were a period of great political unrest in Germany, brought on by three years of crop failure and famine, an economic depression, and the beginnings of the Industrial Revolution. By 1848, Germany was a tinderbox waiting only for a spark. The spark came from the forced abdication of the King of France in February of that year, and the revolution against monarchies quickly spread to Germany. By March, battles broke out, along with riots and insurrection as capitalist burgers and intellectuals fought the nobles for economic power. The Revolution failed, but the nobles lost a great deal of permanent power to the capitalists, and Germany as a nation began to form.

In 1849, the persecution of the revolutionaries began and many fled to the United States. Germans called them Forty-Eighters, and by the middle of the 1850's, many other Germans chose to leave Germany for the freedom and opportunity of America.

All of the oral history we have indicates that the Ohio and Indiana Langenbahn families were caught up in this unrest, and choose to come to America. Yet, there were other pockets of the family that also settled in New York, Illinois, and Michigan. This short essay will deal with only those branches of the family who settled in Ohio.

7.1 The Cincinnati, Ohio Langenbahn Family

Although the German immigrants dispersed throughout America, many chose Cincinnati. The Ohio River, winding its way through the deep valley, as well as the general climate, reminded them of the Rhine river region valley of Germany, and by the mid-1850's the city had a large and vibrant German population. To this day, the northwestern part of the city is referred to as the Over-the-Rhine district.

What follows is what I know of my family history, as it has been passed down to me, but also supplemented by my own research.

Peter was my only grandparent to die before my birth. What I know of him comes from my father, and although he talked about him, he probably remembered little himself as he was only twelve years old when he died.[83] Peter was of the first generation of this family to be born in America. His Grandfather Mathias Langenbahn (1801-1873) and his wife, Catherina Vincent Langenbahn (1802-1878) immigrated to the United States in the early 1850's, along with their brood of eight children, from Wittersheim, Germany, and settled in Cincinnati, Ohio.

My Grandfather, Peter Alexander Langenbahn (1876-1930)

The Langenbahn family was caught up in the civil turmoil in Germany that is described in the Introduction. The situation became even more urgent when in 1851 they suffered the loss of their oldest son Johann (1829-1851), possibly in the fighting or as a reprisal from the events of 1848. Therefore, in an effort to avoid the chaos and spare their remaining children, they joined in the great wave of German immigration to America. The irony is that they arrived in America close to the dawning of the American Civil War.

Two of the children, Peter's father Matthew (1831-1890), and his brother Andrew (1837-1896), had apprenticed in the old country as tailors and upon their arrival became partners in "Langenbahn and Brother" on West 6th Street in Cincinnati.

When the Civil War began there was a large effort in Cincinnati to raise a German company, and in May of 1861, the Ninth Ohio Infantry was mustered in at Camp Dennison, just outside of the city. Andrew joined as a member of Company D. Matthew, being six years older, did not enlist and ran the tailor shop during the war. Andrew served until 1864 and fought in some of the major battles of the war.

There is a book[84] that was written in the late 1800's, which chronicles the exploits of the Ninth Ohio Infantry and gives a good account of their trials and tribulations.

One of the major engagements was the battle of Chickamauga. To get to the battle the company marched for several days and nights in the rain and Andrew apparently contracted pneumonia during the march. He ended up after the battle in a hospital at Stevenson, Alabama. Although he recovered, complications plagued him the rest of his life. Later military records pertain to his petitioning for a disability pension, which was awarded, and upon his death in 1896 his wife Barbara petitioned, and received, his pension.

Upon leaving the service, Andrew rejoined his brother Matthew in the family business, and married Barbara Schulmann (1847-1913) on April 10, 1866. They had eight children.
Matthew married Heldigard Schuman (1839-1918) sometime during the war, and my grandfather, Peter Alexander, was the sixth of seven children. In 1880, the family was living at 125 Clifton Avenue in Cincinnati.

The first generations of our immigrating family brought with them the trades they practiced in Germany. They were farmers, tailors, carpenters, shoemakers, stonemasons, cigar rollers, and the like. Their children for the most part experienced the industrial revolution, and went to work in factories, or, followed their parent's line of work. In my case, the next generation began to own small businesses, grocery stores, sundry shops, hardware stores, and taverns. These were just a few of the businesses of my close relatives.

The Ohio Langenbahn Family Today

My father, the third generation to be born in this country, served in World War II, and upon returning, owned a bowling lanes, and through hard work grew his business and earned a good living. I learned the value of hard work by working for him, beginning at age 7 as a pin boy, and then later as a bar tender when I was going to school. Yet, all of this time, there was no question in my parent's mind that I would go to college, an opportunity both my parents had (my dad on a sports scholarship, and my mother on an academic one) but could not afford to avail themselves.

As far as I am aware, I was the first in my Langenbahn family to graduate from collage. I then went on to earn a Doctor of Laws degree and was admitted to the Ohio Bar. My siblings and cousins followed suite, and all have become of the professional class, doctors, lawyers, and business executives. We did this because we had the opportunities our immigrating ancestors did not have. In many respects, I think we stood on their shoulders, and to me that is the American Dream if there is such a thing. It took multiple generations, but each generation moved the ball ahead.

Today, there are Langenbahns residing throughout the United States. I truly think there are now more Langenbahn's in the U.S. than in Germany, although I have no direct proof of this.

Abb. 10: Peter Alexander Langenbahn als Erstkommu-
nionkind (1888)

Deutsche Übersetzung

Das Scheitern
der Revolution
von 1848/49
und die
Auswanderung
in die USA

Die Gründe, die in der 2. Hälfte des 19. Jahrhunderts zur Auswanderung vieler Deutscher nach Amerika führten, waren sicherlich vielfältig; politische Unruhen und Aufstände in den deutschen Staaten dürften jedoch eine entscheidende Rolle gespielt haben. Missernten und eine dadurch verursachte dreijährige Hungersnot, wirtschaftliche Probleme und der Beginn der industriellen Revolution befeuerten die politische Unzufriedenheit der Menschen. 1848 genügte ein Funken, um das Pulverfass endgültig zu zünden. Dieser Funke war die erzwungene Abdankung des französischen Königs im Februar 1848. In der Folge breitete sich das revolutionäre Geschehen im Kampf gegen die Monarchie in kürzester Zeit auch nach Deutschland aus. Im März brachen schließlich von Unruhen und Revolten begleitete Kämpfe zwischen der wohlhabenden und intellektuell gebildeten Bürgerschaft und dem Adel aus, sie zielten darauf einen größeren wirtschaftlichen Einfluss zu erlangen. Die Aufstände scheiterten. Dennoch büßte der Adel einen Großteil seiner Macht ein; der erste Schritt hin zur Bildung des Deutschen Reiches war getan.

Viele der Revolutionäre flohen aufgrund der 1849 einsetzenden Verfolgung in die Vereinigten Staaten. Den sogenannten Achtundvierzigern folgten bis zur Mitte der 1850er viele weitere Deutsche, die sich entschieden, Deutschland für die Möglichkeiten und Freiheiten in Amerika zu verlassen.

Mündliche Überlieferungen lassen vermuten, dass die Lagenbahns, die in Ohio und Indiana ihre neue Heimat fanden, wegen der geschilderten politischen Unruhen den Entschluss fassten, nach Amerika auszuwandern. Wir wenden uns im Folgenden nur den Teilen der Familie zu, die Ohio zu ihrem neuen Lebensmittelpunkt machten; weitere Familienmitglieder ließen sich in New York, Illinois und Michigan nieder.

Die Cincinnati, Ohio Langenbahn Familie

Obwohl sich die deutschen Einwanderer über ganz Amerika verteilten, wählten viele Cincinnati. Der Ohio River, der sich durch sein enges Tal hinabwindet, und die klimatischen Verhältnisse dort erinnerten sie an das Rheintal. Bis zur Mitte der 1850er-Jahre hatte sich in der Stadt eine lebhafte, große deutsche Gemeinschaft gebildet. Seit dieser Zeit bezeichnet man den nordwestlichen Teil Cincinnatis auch als „Over-the-Rhine district" (Über-den-Rhein Bezirk).

Im Folgenden schildere ich meine Familiengeschichte, wie sie an mich weitergegeben wurde oder wie ich sie durch eigene Nachforschung kennengelernt habe.

Mein
Großvater,
Peter
Alexander
Langenbahn
(1876-1930)

Peter war mein einziger Großelternteil, der vor meiner Geburt starb. Alles, was ich über ihn weiß, habe ich von meinem Vater, und obwohl er mir von meinem Großvater erzählte, konnte er sich wohl selbst kaum erinnern, war mein Vater doch erst 12 Jahre alt, als mein Großvater starb. Peter gehörte zur ersten Generation der Familie, die in Amerika geboren wurde. Sein Großvater Mathias Langenbahn (1801-1873) und dessen Ehefrau Catherina Vincent Langenbahn (1802-1878) wanderten in den frühen 1850ern in die Vereinigten Staaten ein. Zusammen mit ihren acht Kindern kamen sie aus Wittersheim nach Cincinnati, Ohio.

Die Wittersheimer Langenbahns waren von den instabilen politischen Verhältnissen voll erfasst worden. Die Situation wurde noch brisanter, als die Familie 1851 den Verlust ihres ältesten Sohnes Johann (1829-1851) zu beklagen hatte, möglicherweise als Folge der Kämpfe oder der Repressalien nach 1848. Um dem Chaos zu entfliehen und um ihre verbliebenen Kinder zu schützen, schlossen sie sich der großen Welle deutscher Auswanderer nach Amerika an. Als Ironie des Schicksals mag ihre Ankunft kurz vor dem Beginn des amerikanischen Bürgerkriegs[85] erscheinen.

Zwei ihrer Kinder, Peters Vater Matthew (1831-1890) und dessen Bruder Andrew (1837-1896), hatten in ihrer alten Heimat eine Schneiderlehre abgeschlossen und eröffneten nach ihre Ankunft das Geschäft „Langenbahn and Brother" in der West 6th Street in Cincinnati.

Mit dem Beginn des Bürgerkriegs unternahm man in Cincinnati große Anstrengungen, eine Deutsche Kompanie zu gründen, die im Mai 1861 als „Ninth Ohio Infantry" (Neunte Ohio Infanterie) bei Camp Dennison, nahe der Stadt, einberufen wurde. Andrew wurde Mitglied von Kompanie D, der 6 Jahre ältere Matthew hingegen meldete sich nicht freiwillig und führte die Schneiderei während des Krieges weiter. Andrew diente bis 1864 und war dabei an einigen wichtigen Kämpfen des Krieges beteiligt. Ein Buch vom Ende des 19. Jahrhunderts beschreibt die Großtaten der „Ninth Ohio Infantry" und gibt einen guten Einblick in deren Probleme und Sorgen.

Eines der wichtigen Ereignisse war der Kampf von Chickamauga. Um das Schlachtfeld zu erreichen, marschierte die Kompanie für mehrere Tage und Nächte durch den Regen. Während des Marches zog sich Andrew vermutlich eine Lungenentzündung zu und wurde nach der Kampagne in ein Krankenhaus bei Stevenson, Alabama eingewiesen. Obwohl er wieder gesund wurde, plagten ihn die Folgen der Krankheit für den Rest seines

Lebens. Späteren Militäraufzeichnungen zufolge beantragte er eine Behindertenrente, die ihm zugestanden wurde und nach seinem Tode 1896 auf Antrag seiner Ehefrau Barbara weiter gezahlt wurde.

Nach seinem Ausscheiden aus dem Militärdienst schloss er sich wieder dem Familienunternehmen seines Bruders Matthew an und heiratete am 10. April 1866 Barbara Schulmann (1847-1913), die acht Kindern das Leben schenkte.

Matthew heiratete irgendwann während des Krieges Heldigard Schuman (1839-1918); mein Großvater Peter war das 6. ihrer sieben Kinder. 1880 lebte die Familie in der 125 Clifton Avenue in Cincinnati.

Die Ohio
Langenbahns
heute
Die erste Generation unserer eingewanderten Familie brachte das Handwerk mit, das sie auch in Deutschland ausgeübt hatten: Sie waren Bauern, Schneider, Schreiner, Schuhmacher, Steinmetze, Zigarrenroller und dergleichen. Die meisten ihrer Kinder hingegen erlebten die industrielle Revolution, arbeiteten in Fabriken oder übernahmen das Handwerk ihrer Eltern. In meiner Familie begann die nächste Generation, kleine Geschäfte zu betreiben: Lebensmittelgeschäfte, „Tante-Emma-Läden", Haushaltswarengeschäfte, Gasthäuser und Ähnliches.

Mein Vater, der zur 3. in diesem Land geborenen Generation gehört, diente im 2. Weltkrieg und besaß, nach-

62

dem er zurückgekehrt war, eine Bowlingbahn. Durch harte Arbeit wuchs sein Unternehmen und ermöglichte ihm einen guten Lebensstandard. Den Wert harter Arbeit lernte ich kennen, als ich im Alter von sieben Jahren für ihn als „Pin Boy" zu arbeiten begann und während meiner Schulzeit als Barkeeper aushalf. Dennoch zweifelten meine Eltern nie daran, dass ich das College (in Deutschland etwa Universität) besuchen sollte. Obwohl mein Vater ein Sport- und meine Mutter ein akademisches Stipendium hatten, konnten sie es sich nicht leisten, diese Chance zu nutzen.

Soweit ich weiß, war ich der erste in meiner Langenbahn-Familie, der einen Abschluss am College machte. Ich promovierte im Fach Jura und gehörte zur Anwaltschaft in Ohio. Meine Geschwister und Cousins taten es mir gleich und wurden Akademiker, Doktoren, Anwälte und leitende Angestellte. Wir hatten Aufstiegsmöglichkeiten, die unsere Vorfahren nicht besaßen. Ich denke, dass wir in vielerlei Hinsicht auf ihren Schultern stehen – das ist für mich der American Dream,[86] falls es diesen überhaupt gibt. Es brauchte mehrere Generationen dazu, und jede brachte es ein wenig weiter.

Heute wohnen Langenbahns verstreut über alle Teile der Vereinigten Staaten. Ich vermute, dass es hier inzwischen mehr Langenbahns als in Deutschland gibt, auch wenn ich keinen direkten Beweis dafür habe.

7.2 The Indiana Langenbahns

Der nun folgende Abschnitt ist ein Beitrag von Martha Langenbahn. Sie ist die Urenkelin von Peter und Gertrude Langenbahn, die 1870 von Bebelsheim nach Monterey, Indiana auswanderten. Auch hier haben wir eine deutschsprachige Übersetzung abgedruckt, die allerdings aufgrund des Umfangs des Originals in einigen Punkten gekürzt und zusammengefasst ist. Den interessierten Leser verweisen wir an den entsprechenden Stellen auf den englischen Text.

I began my research by accident and then couldn't stop. Along the way, I connected with John Langenbahn, a fifth cousin, who descends from Wilhelm Langenbahn and Wendelina Meurers as I also do. He had compiled a history also and we found that our histories merged at the "Jakob Langenbahn" time back in about 1762. Jakob had lots of children. My ancestor is Johann Langenbahn and John's is Johann Georg Langenbahn. They were brothers and both sons of Jakob.

This research ended up being quite a labor of love. I learned to know my Langenbahn ancestors through microfilm copies of the original church records in Bebelsheim and Obermendig in Germany. I could go back to 1660. I began to image the Langenbahn ancestors, both men and women. I still wonder what they were like. They certainly faced many hardships. I have come to admire them. I greatly admire my great grandparents who came to America in 1870 along with their six children having their worldly possessions in 3 trunks. What courage that must have taken!

Currently we know that there are Langenbahns in Indiana (although most don't have the family name anymore), Illinois, Ohio, Pennsylvania, New York, and California. I have tried to contact some of them and have found that most are in John's line. I am still searching for some individuals in my line, and need to work on finding them. I think that some people in my line are the ones in California. John's line can be found in Illinois and Ohio. We don't know about the New York and Pennsylvania ones. I have names and am working on sending out letters to them.

Our story begins with Wilhelm and Wendelina Meurers Langenbahn. They emigrated from Obermendig to Bebelsheim Germany in 1660. Their son Gerhard had a son Jakob who is the direct ancestor of the Indiana Langenbahns. Jakob and his wife, Anna Marie Milkrauter had two sons. One of these sons, Johann is our direct ancestor. Johann was born on December 29, 1726. He married Anna Maria Priester on January 14, 1755. He died on January 6, 1797. Johann and Anna Maria had eleven children. Of those children, Johann, who was born on November 26, 1761 went on to marry Barbara Breyer on February 23, 1802. They had three children, Catharina, Anna, and Peter. Johann died on February 15, 1834. Peter came to America with his wife and six children in 1870.

Peter Langenbahn was born in Bebelsheim on January 9, 1816. He married Gertrude Mueller on July 15, 1856. Gertrude was born also in Bebelsheim on August 23, 1830. There is a family story that Gertrude's mother was a cousin to the Kaiser and a servant in his palace. I have not authenticated that story as of yet. Peter and Gertrude had six children in Bebelsheim: George, Anna Maria (later known as Emma in Monterey, Indiana), Peter (my grandfather), Magdelena (listed on the ship roster as Madne), Michael, and Susanna. Susanna was a young baby when they made the crossing to America in 1870. We thought she may have died on the trip as there was no findable record for awhile. However, a church record from St. Ann's Parish in Monterey, Indiana shows that she died on October 22, 1870 at the age of 13 months. Magdelena died on January 20, 1883 at the age of 20. The church record lists her as "Helena." There are two cemeteries in Monterey, Indiana: the "old" one and the "new" one. Susanna, Magdelena, Peter, and Gertrude were presumably buried at the old cemetery. There were no markers to find their graves and St. Ann's has no records of that cemetery. Their graves seem to be lost.

Peter and Gertrude came to America on the ship Allemania. It sailed from Le Havre, France. They brought three trunks with them. Two of these trunks are still in the family. One was lost. We think that they brought several pieces of Bavarian china with them also. I have one of those pieces. Two of my sisters also have pieces. We have the ship manifest listing the names of the family. There is a family story that Peter came with a brother. However, I searched three sets of records – the church records, the French civil records, and the German civil records and found no brother. He had two sisters and there were nine years between his younger sister and him. Presumably his father Johann, was away at war at that time as most of the records I found had children born every 18 months to 3 years at that time. There is also no other Langenbahn listed on the ship manifest. So it isn't true that he came to America with a brother.

There is another family story that Peter and Gertrude settled in Monterey, Indiana because that is where the train ended. In any event, they settled around a lake in Tippecanoe Township in Pulaski County near Monterey, Indiana. The lake still bears the name, Langenbahn Lake. The original house is now gone, but I remember my dad pointing it out to me when I was a child. It was a large two story white house that was in disrepair. It was occupied for a time, but later was vacant and was torn down. We have a copy of the original land purchase agreement that Peter filed with Pulaski County in Indiana. The land was purchased by Peter on May 6, 1870 for $1000.00. It was later sold by Peter and Gertrude's children on August 14, 1900 for $2600.00. The land consisted of 106 acres. We also have a copy of Peter Langenbahn's naturalization papers.

Peter and Gertrude had a seventh child in Monterey, Indiana. Her name was Mary. Mary died when her own daughter was 17 years old. Mary married and I found some census data for her, but no death record. Her name is also on the land sale papers when the property was sold after Peter and Gertrude died.

Peter died on August 15, 1882 in Monterey, Indiana. Gertrude died on April 5, 1897 also in Monterey, Indiana. I have copies of their death notices from the church as well as from the local paper archives. It said of Gertude, "She was only 67 years old."

Two of Peter's sons continued to be farmers. His son Peter, (my grandfather) settled in an adjoining county, Fulton County. George had a farm within a mile of his parents' farm. George was a musician and there is a record of him and his brother Michael organizing the "Monterey Cornet Band" in 1880. This notation is contained in a book called The History of White and Pulaski Counties. George evidently played the violin. There is a family story that George gave this violin to my father, Henry Langenbahn, on his deathbed. I have the violin. Michael married and lived in Monterey for awhile. He then moved to South Bend, Indiana. We don't know if he was a farmer or not when he lived in Monterey. Anna, the oldest child, moved to Logansport, Indiana for awhile where she was a domestic servant. She died in Logansport and is buried in the "new cemetery." My father, Henry Langenbahn, son of Peter, had a headstone erected for her and it says "Emma Langenbahn." I could never find out why her name was different from the Anna Maria she was christened with.

George Langenbahn married Nancy Jane Hoerner (Jennie as she was known) prior to 1887. There are no findable church records of their marriage. They evidently spent 3-4 years in Kansas where they had their first child, Howard in 1887. The 1890 census data burned so there are no census records of their time in Kansas. The moved back to Indiana prior to 1893 as their second son, Carl was born on February 7, 1893 and died on November 26, 1893. A son, Joseph, was born on March 17, 1896; Rudolph Bernard was born on April 30, 1897 and died July 30, 1901 at the age of 4. Leo was born on March 17, 1903. George's obituary states that they had 6 children. I can account for 5. Perhaps they had another child in Kansas who died.

George died May 25, 1933. Jennie died December 25, 1945. They are buried at the "new" Catholic cemetery in Monterey, Indiana.

Peter Langenbahn (the second Peter) married Emma Walle on April 22, 1903. Mary Langenbahn, Peter's sister, was one of the witnesses. The other witness was Frederick Walle, brother of Emma. They were married at St. Ann's Church in Monterey, Indiana. Children were as follows: Francis (Frank) born on February 16, 1904; Loretta, born on March 23, 1905; Henry Peter (my dad) born on July 18, 1906; Edward Nicholas, born on August 7, 1907 (his godparent were his uncle and aunt, Michael and Caroline Langenbahn); Gertrude Elizabeth, born March 20, 1909; Mary Cecilia, born on January 9, 1911; Agnes Josephine, born on April 28, 1912 and died on September 13, 1912 at the age of 5 months; and Anna Caroline, born on September 12, 1913. All of the children are now deceased.

Some of this generation of Langenbahns continued to farm with some exceptions. Frank and Mary worked in factories; Frank in Plymouth, Indiana and Mary, in

South Bend, Indiana. Gertrude was a housewife and lived in South Bend with her husband, Joseph Lane who worked in a factory; Ed moved to Colorado to marry his "sweetheart," and owned a grocery store for awhile; Anna was a housewife and married a farmer; Loretta was a housewife and lived in the town of Mon-

Figure 11: Peter and Emma Langenbahn

terey, Indiana. Her husband worked at Culver Military Academy in a nearby town; Henry didn't marry until he was in his mid-thirties and lived on the family farm with his mother, Emma Walle Langenbahn until he married. He didn't farm after the marriage, but had a "milk route" where he picked up farmers' milk in large milk cans and took it to the dairy to be homogenized and pasteurized. Later on he sold the milk route and purchased a grain elevator where farmers could buy food for their animals and sell their grain. Thus, he and his family lived on the farm, but a neighbor farmed it for them (sharecropping).

Peter was a very stern person. This could be a trait that was passed down through the generations as some of his children (my aunts and uncles) were stern or married stern spouses. Another thing that seems to have gone through the generations is the tendency for the Langenbahn men to marry much younger women. A family story is that Peter and Emma's daughter, Mary (my aunt) got pregnant out of wedlock in her senior year of high school. She wanted to marry the father of her baby, but was forbidden to do so by her father because the young man was not Catholic. According to her brother, Mary was always berated by her father, Peter and continued to be when she got pregnant. He always "picked on her." We don't know why. She had the baby whom she cared for on the farm. She moved to South Bend, Indiana to work for a family there. She wanted to take her son, Richard, but again was forbidden to do so by her family. This created an estrangement that continued into Richard's adulthood. They eventually reconciled. This is a very sad story because she described Richard's father as the "love of her life." Richard's father eventually died of Huntington's disease, a degenerative nerve disorder which is hereditary. Richard and one of his daughters died of it also. Mary went on to marry a man who was a "womanizer." She divorced him before her son was born. Mary worked for many years in a factory where she worked in the laboratory. She died on October 2, 2006. I remember Aunt Mary as a wonderful person and a marvelous cook! She made the best chocolate chip cookies around! She was a very matter of fact person and very blunt. However, she had a very sensitive heart and would do anything asked of her. Life wasn't especially good to her, but she was a wonderful mother to Anthony Michael (Mike) and later on to Richard when their estrangement was over. Her granddaughter, Victoria Langenbahn Phillips, idolized her. She and Vicki had a very special relationship.

I will write about Michael, Peter and Gertrude's youngest son and then follow the Henry Langenbahn (my dad)'s line.

Michael Langenbahn married Caroline Marbaugh on January 7, 1897 in Monterey, Indiana. They had 4 children in Monterey. Their Monterey children were as follows: Helen, born April 3, 1898; Phillip, born July 16, 1899; Crescence Bernice, born October 7, 1900 and died January 7, 1901 at the age of 3 months; Carl, born September 25, 1901. Michael and Caroline (Carrie) moved to South Bend, Indiana, where they had Dorothy, born February 22 1903 and William, born February 26, 1905.

Helen married Ronald Kronwitter. Phillip became a dentist; Carl married Adelyn and had a troubled marriage. She remarried after Carl died and ultimately committed suicide. Carl was a Medical Doctor specializing in urology. Dorothy married Edward Hebert and moved to Cincinnati. William married Marguerite Troeger in South Bend, Indiana and then moved to Michigan. William and Marguerite had four children. William, their son, was instrumental in helping me a great deal with the history of his family. He lives in Texas. Gretchen, their daughter, lives in the Cleveland area and has become one of my good friends. We are second cousins. One of Carl's children left South Bend, Indiana and moved to California. I am still trying to locate his branch of the family. More history of the William Langenbahn branch of the family can be found in the document "The Descendents of Wilhelm Langenbahn."

Back to Peter and Emma Langenbahn's children (my line). Frank and his wife Margaret, had one daughter. She lived a troubled life and had 4 children. Three of them contributed to the family history. The other is deceased. Gertrude Langenbahn and her husband, Joe Lane had three children. One owned a business and the other two were housewives and also worked outside the house. Loretta Langenbahn and her husband William Zehner had three sons. One son is deceased. One son worked in a factory and the other settled in Monterey, Indiana. Loretta experienced post partum depression with the birth of her third son and spent her remaining days in Logansport, Indiana in a mental hospital. I have already talked about Mary Langenbahn. Her married name was Lane. She married a brother of Gertrude's husband, Joe. Anna Langenbahn married Charles Widman. They lived on a farm and had 5 children, one daughter and 4 sons. Two of the sons were farmers and one son is a pharmacist.

Now to the Henry Langenbahn branch of the family which is my direct line. Henry is the son of Peter and Emma Langenbahn. Henry lived on the family farm for awhile after his father died with his mother, Emma and his nephew Richard (son of Mary Langenbahn who had moved to South Bend). Henry married Dorothy Master on November 23, 1940 and she moved to the farm. Henry had indoor plumbing and an indoor bathroom installed when he married.

Henry (Dad) used to tell stories about his brother Ed and himself trying to trick the "town" kids. They would put a large hat over a pile of cow manure. They would then tell one of the town kids that there was a bird under the hat and that when they removed the hat, the kids would have to grab the bird quickly or it would get away. Dad and Ed removed the hat and the other kids got hands full of nice fresh cow manure. Dad would laugh when he told that story.

Henry and Dorothy had four children (girls). They are as follows: Linda, born September 8, 1941; Martha (me) born May 22, 1946; Donna, born October 13, 1950; and Mary Louise, born May 23, 1957. We were all encouraged greatly in school as Dad wanted us to have better opportunities than he did. Mom wanted to go to college and had someone to pay her way, but her parents would not let her. We went to the local Catholic school in Monterey and to public high school as there was no Catholic high school around. Good grades were expected and college was expected. Thus, among the 4 of us, we have 2 who have Doctoral degrees in Psychology, 1 who has a Master's degree in chemistry and math; and 1 who has a Master's degree in nursing and is a Nurse Practitioner. She has her own patients and works under a Medical Doctor.

Linda has two children, both married; I have two children, one married and one soon to be married; Donna has no children; and Mary Lou has two children. All of the children have graduated from college. Three have advanced degrees.

Linda Langenbahn married Richard Parker on July 31, 1960. They have two children, Lisa and Brian. Lisa married Gary Bledsoe and they have four children – Nicole, Nathaniel, Rachel, and Jonathan. Brian married Kimberly Van Rie and they have three children – Benjamin, Caleb, and Noah. Martha Langenbahn married John Skerl on May 17, 1980. They have two children, Erica and Joshua. Erica married Nathan Spice on September 13, 2008 and Joshua will marry Kimberly Naso on August 31, 2013. Donna Langenbahn married Norbert Jay. They live in New York city and have traveled extensively. Mary Lou Langenbahn married Frank Nierzwicki on August 9, 1980. They have two daughters, Jessica and Celina.

Linda and Richard Parker live in Walkerton Indiana. Linda has retired from teaching, but was persuaded to go back because the school valued her services. She currently teaches two classes, Advanced Placement Calculus and Advanced Placement Chemistry. She and her husband live on a farm where they have cattle, chickens, and lots of land. Richard takes care of the animals in addition to being an accountant, but has someone else do the actual crop planting and harvesting. Their son Brian has a degree in engineering and lives in Holland, Michigan with his family. Their daughter Lisa lives in Indianapolis, Indiana with her family and is a Medical Doctor.

Martha Langenbahn and John Skerl live in Berea, Ohio which is a suburb of Cleveland, Ohio. Martha is a Psychologist in private practice and still works full time although she has cut back on her practice and plans to do more in 2014. John is a financial planner and also works full time, but is cutting back on his work. They have enjoyed some travel and plan to do more. Their daughter Erica is an Attorney and works with a practice in another Cleveland suburb. Their son Joshua has a Master's Degree in Counseling and works for a non profit agency in Cleveland.

Donna Langenbahn is a Neuropsychologist and works at New York University Medical Center. Her husband, Norbert, is retired and worked for years as a math teacher in the New York City Schools. They both have studied Spanish and enjoy visiting Spanish speaking countries. They have also visited Russia and France in addition to many United States locations.

Mary Lou and Frank Nierzwicki live in Bloomington, Indiana, home of Indiana University. Mary Lou has a Master's Degree as a Nurse Practitioner and works at the Indiana University Health Center where she has her own Nurse Practitioner practice. Frank works as an assistant professor at Indiana University. Their daughters both graduated from Indiana University. Jessica works for Head Start in Bloomington and Celina is worked while she awaits admission to graduate school for Physical Therapy.

The Indiana Langenbahns started out in Germany. They came to Indiana in 1870 when Monterey was the "end of the railroad line." Peter was a farmer and a hard worker. His children branched out—a couple were farmers, but the others followed different paths. Two died before they could chart a path. Of the next generation, there was a doctor, a dentist and several factory workers. Those Langenbahns who moved away from Monterey, Indiana were more likely to go to college and do things other than farming. My cousins on the Langenbahn side run the gamut from business owners, to professional people, to tradespeople, to "having a job." The children of my cousins have been encouraged to go to college and many of them have.

In thinking back over the generations, I can see that the Langenbahns were and are hard working people. I learned to work hard and to be my own boss from my dad who owned two businesses. I am currently a business owner as well as a professional psychologist. The Langenbahns persevere. The Langenbahns are practical as well as sensitive. In my veins there will always flow a practicality that comes from growing up on a farm. I would never want to live on a farm again, but am very glad I did so once. I can imagine all of those generations of Langenbahns who came before me. I hope someday to meet them.

Deutsche Übersetzung

Durch Zufall fing ich mit meinen Nachforschungen an und, einmal begonnen, konnte ich nicht mehr aufhören. Dabei entwickelte sich auch der Kontakt zu John Langenbahn, einem Cousin 5. Grades, der wie ich von Wilhelm Langenbahn und Wendelina Meurers abstammt. Er hatte ebenfalls eine Familiengeschichte zusammengestellt, und wir fanden heraus, dass sich unsere Geschichten ungefähr im Jahr 1762 bei „Jakob Langenbahn" überschnitten. Jakob hatte viele Kinder. Mein Vorfahre ist Johann Langenbahn, Johns Vorfahre Johann Georg Langenbahn; beide waren Söhne von Jakob.

Es zeigte sich, dass ich eine Menge Herzblut in diese Arbeit investierte. Ich lernte meine Langenbahn-Vorfahren über Mikrofilmaufnahmen von den Kirchenbücher aus Bebelsheim und Obermendig kennen und konnte die Geschichte der Familie bis 1660 zurückverfolgen. Ich begann mir meine Vorfahren vorzustellen, Frauen und Männer, und frage mich immer noch, wie sie wohl waren und lebten. Sie mussten sicherlich viel Elend ertragen. So kommt es, dass ich sie bewundere, besonders meine Urgroßeltern, die 1870 mit ihren sechs Kindern nach Amerika übersiedelten – Ihre Habseligkeiten auf drei Koffer verteilt. Was für einen Mut muss ihnen dieser Schritt abverlangt haben!

Zur Zeit wissen, wir, dass es Langenbahns in Indiana (auch wenn die meisten nicht mehr den Nachnamen Langenbahn tragen), Illinois, Ohio, Pennsylvania, New York und Californien gibt. Mit manchen versuchte ich Kontakt aufzunehmen und fand heraus, dass die meisten zu Johns Stamm gehören. Ich bin immernoch dabei Personen meiner Linie zu identifizieren und vermute, dass einige Langenbahns in Kalifornien dazugehören. Johns Linie findet sich in Illinois und Ohio, während wir nichts über die Familien in New York und Pennsylvania wissen. Ich kenne ihre Namen und versuche momentan Briefkontakte herzustellen.

Im Folgenden schildert Martha die Langenbahn-Geschichte von Wilhelm bis Jakob (siehe oben Kapitel 6). Weiter erfahren wir, dass Johann Langenbahn, ein Sohn Jakobs, direkter Vorfahre der Indiana Langen-

*bahns, Johanns Bruder Johann Georg Vorfahre der
Ohio Langenbahns ist. Johanns Sohn Peter, der 1816 in
Bebelsheim geboren wurde, wagt 1870 mit seiner Frau
Gertrude Müller und seinen sechs Kindern Georg, Anna,
Maria, Peter (Marthas Großvater), Magdalena, Micha-
el und Susanne die Fahrt über den Atlantik. Martha
berichtet weiter:*

Susanna war bei der Überfahrt nach Amerika noch
ein Säugling. Wir nahmen an, dass sie die Reise nicht
überlebt hat, da wir zunächst keine weiteren Aufzeich-
nungen über ihr Leben entdecken konnten. Dann jedoch fanden wir im Kirchenbuch von St Ann's Parish
in Monterey, Indiana den Eintrag über ihren Tod im
Alter von 13 Monaten. Magdalena starb am 20. Januar 1883 im Alter von 20 Jahren, im Kirchenbuch
wird sie „Helena" genannt. Von den beiden in Monterey; Indiana vorhandenen Friedhöfen – einem „neu-
en" und einem „alten" – dürfte die Familie vermutlich
auf dem „alten" Friedhof begraben sein. Leider lassen sich ihre Gräber nicht wiederfinden und scheinen
verloren.

Peter und Gertrude mit dem Schiff „Allemania" nach
Amerika. Ihre Reise begann im französischen Le Havre. Von den drei Koffern, die sie bei sich hatten, sind
zwei immernoch im Familienbesitz. Meine Schwestern
und ich besitzen noch einige Stücke bayerischen Por-
zellans, von denen wir annehmen, dass sie zum Hab

und Gut der Einwanderer gehörten. Wir fanden sogar die Passagierliste mit den Namen der Familie. Will man einer mündlichen Überlieferung folgen, kam Peter zusammen mit einem Bruder nach Amerika. Dies lässt sich allerdings weder durch Kirchenbücher noch durch andere amtliche Dokumente belegen. [...] Auch in der Passagierliste ist kein weiterer Langenbahn aufgeführt. Daher ist unwahrscheinlich, dass Peter von einem Bruder begleitet wurde.

Einer Erzählung zufolge ließen sich Peter und Gertrude in Monterey, Indiana nieder, weil dort der Zug endete. Sie wohnten in der Nähe eines Sees im Stadtteil Tippecanie im Pulasky Bezirk. Dieser See trägt noch heute den Namen Langenbahn Lake. Das ursprüngliche Haus existiert nicht mehr. Ich erinnere mich aber, dass mein Vater es mir als Kind gezeigt hat. Es war ein großes, heruntergekommenes, zweistöckiges weißes Haus, für einige Zeit bewohnt war, später aber leerstand und dann abgerissen wurde. Wir besitzen eine Kopie des Vertrages, mit dem Peter 1870 das Land vom Pulaski Bezirk für 1000 $ erwarb. [...]

In den nächsten Abschnitten erhalten wir einen Einblick darin, wie es den Kindern Peters in den folgenden Jahren ergangen ist. Marthas Großvater – er heißt auch Peter – wie sein Bruder Georg erwirtschafteten ihren Lebensunterhalt weiterhin als Bauern. Zusammen mit Emma Walle hatte Peter acht Kinder, dar-

unter auch Henry Peter Langenbahn – Marthas Vater. Während einige von Peters Kindern die Landwirtschaft weiterführten, arbeiteten andere in Fabriken oder als selbstständige Geschäftsleute. Viele der Frauen hielten ihren Ehemännern als Hausfrauen den Rücken frei.

Peter (Marthas Großvater) war sehr streng – möglicherweise eine der Wesenseigenschaften, die er an die folgenden Generationen vererbt hat [...]. Eine weitere Gemeinsamkeit der Langenbahn-Männer, die sich über die Generationen hinweg beobachten lässt, ist ihr Hang, deutlich jüngere Frauen zu heiraten. Man erzählt sich die Geschichte, dass Peters und Emmas Tochter Mary im letzten Jahr der High School außerehelich ein Kind erwartete. Obwohl es ihr Wunsch war, durfte sie den Vater des Kindes nicht heiraten, da er nicht katholisch war. Ihr Bruder erzählte, dass Mary immerzu von ihrem Vater beschimpft wurde, [...] warum wissen wir nicht. Sie gebar das Kind – ihren Sohn Richard – und lebte mit ihm auf der Farm ihrer Eltern. [...] Eine traurige Geschichte, denn für sie war Richards Vater die Liebe ihres Lebens. [...] Mary starb am 2. Oktober 2006. Ich werde sie immer als wundervolle Person und außergewöhnliche Köchin in Erinnerung behalten! Sie machte die besten Schokoladenkekse der Welt! Sie war gerade heraus, aber trotzdem sehr mitfühlend und hätte alles für einen getan.

Nun folgt ein Abschnitt über Michael, Peters und Gertrudes jüngster Sohn, und dessen Kinder, bevor wir wieder auf die direkten Vorfahren Marthas zurückkommen, besonders auf ihren Vater Henry:

Nach dem Tod seines Vaters lebte Henry eine Weile mit seiner Mutter Emma und seinem Neffen Richard (Marys Sohn) auf der Familienfarm. Henry heiratete Dorothy Master am 23. November 1940, und sie zog zu ihm auf die Farm. [...]

Henry (mein Vater) erzählte mir gerne Geschichten über die Streiche, die er und sein Bruder Ed, anderen Kindern spielten. Sie legten einen großen Hut über einen Kuhfladen und erzählten einem der Kinder aus dem Ort, dass unter dem Hut ein Vogel sei. Sie müssten nur schnell genug zugreifen, wenn sie den Hut hochgehoben hätten, um den Vogel zu fangen. Mein Vater und Ed hoben den Hut hoch und die anderen Kinder versauten sich die Hände mit einem schönen frischen Kuhfladen. Mein Vater musste jedesmal lachen, wenn er diese Geschichte erzählte.

Henry und seine Frau Dorothy hatten vier Kinder: Linda (*08.09.1941), Martha – ich also – (*22.05.1946), Donna (*13.10.1950) und Mary Louise (*23.05.1957). Wir waren alle sehr motiviert, die Schule erfolgreich abzuschließen, da Dad wollte, dass wir bessere berufliche Möglichkeiten als er hätten. [...] Wir gingen auf die örtliche katholische Schule in Monterey und danach auf die öffentliche High School, da es keine katholische High School in der Nähe gab. Man verlangte von uns gute Noten und erwartete, dass wir das College besuchten. Von uns vier haben heute zwei einen Doktorgrad in Psychologie, eine einen Master in Chemie und eine einen Master in Krankenpflege.

Nun erfahren wir etwas mehr über die Schwestern. Linda und Martha haben jeweils zwei Kinder und sind verheiratet. Linda arbeitet im Moment als Lehrerin an einer Schule und unterrichtet Mathematik und Chemie. Martha lebt mit ihrem Mann John Skerl in Berea, Ohio, einem Vorort von Cleveland. Sie hat eine Praxis als Psychologin. Donna ist Neuropsychologin und arbeitet am New York University Medical Center. Mary Lou wohnt in Bloomington, Indiana und arbeitet in ihrer eigenen Praxis als „Nurse Practitioner".[87]
Zum Abschluss gibt Martha uns eine Zusammenfassung:

Die Indiana Langenbahns kamen 1870 von Deutschland nach Monterey, Indiana – „ans Ende der Eisenbahnlinie". Peter war ein hart arbeitender Bauer. Von seinen Kindern blieben einige Landwirte, die übrigen gingen andere Wege. Zwei starben, bevor ihr Leben richtig begonnen hatte. [...] Die Langenbahns, die Monterey verließen, gingen eher ans. Meine Cousins deckten die ganze Bandbreite von Geschäftsinhabern über Akademiker und Handelsleute bis hin zu einfachen Hilfsarbeitern ab.[...]

Wenn ich die Generationen Revue passieren lasse, erkenne ich, dass die Langenbahns hart arbeitende Menschen waren und auch heute noch sind. Auch ich lernte von meinem Vater, hart zu arbeiten und mein eigener Chef zu sein. [...] Die Langenbahns sind praktisch veranlagt und von Herzen gut. In mir werden immer die praktischen Fähigkeiten stecken, die man nur erlernen kann, wenn man auf einer Farm aufwächst. Ich möchte zwar nie mehr auf einem Bauernhof wohnen, aber ich bin froh, dass ich es einst tat.

Ich kann mir all die Generationen der Langenbahns vorstellen, die vor mir lebten, und ich hoffe, dass ich sie eines Tages treffen werde.

8

Familiengeschichte(n)
- im Zeichen des Namens

Lässt sich diese kurze Geschichte einer Familie und ihres Namens zusammenfassen?

Mit „Nomen est omen" hat „alles" seinen Anfang genommen, in jener Deutschstunde, als klar wurde, dass alle Familiennamen bedeutungsvoll und verständlich sind – außer wahrscheinlich „Langenbahn". Meinem Deutschlehrer – dem besten aller möglichen, der mit Sicherheit das Grimmsche Wörterbuch gekannt hat – ist längstens verziehen, dass er nicht wusste, dass „*der* Langenbahn" nicht weniger ist als ein „Weg-Ebner" und „Schneisen-Hauer" durch Wald und Wildnis. Jeder Langenbahn kann also mit einigem Stolz das in seinem Namen (Nomen) verborgene „Vorzeichen" (Omen) übernehmen, auch wenn sich in Zeiten eines geschärften ökologischen Bewusstseins und des Naturschutzes von selbst versteht, dass künstliche Schneisen durch die Landschaft hindurch gut bedacht sein wollen.

Im zweiten „Anlauf" war zu erfahren, dass der Familienname von den Preußen rechtlich eingefordert und geschützt wurde – und mehr noch, dass der Name für einen Menschen unentbehrlich ist. Durch den Namen und das Ausrufen des Namens erfährt der Mensch, dass er selbstständig ist und seine Identität und Individualität anerkannt wird. Durch den Namen sind wir existent, und selbst über den Tod hinaus lebt der Name fort. So erinnert das Bebelsheimer Kreuz über die Jahrhunderte hinweg immer noch an unseren Vorfahren Jakob.

Name ist aber nur zu einem Teil „Omen", immer aber Erzählung und Geschichte. „Nomen est fabula".[88] Dieser Einsicht ist unser Büchlein gefolgt: Der besondere Reiz, über unseren Familiennamen zu „fabulieren", liegt darin, dass er so einzigartig und so wenig verbreitet ist, dass alle Namensträger in einem gemeinsamen Herkommen verbunden sind. So fängt die Geschichte des Langenbahn-Namens bei jenem Albero an, der wie zufällig und fast am Rande einer Urkunde des 13. Jahrhunderts erwähnt wurde und der sich nach dem virneburgischen Hof bei Rieden „de Langenbahn" nannte. Von dort haben sich die Namensträger im Umfeld der Pellenz[89] und den benachbarten Regionen ausgebreitet, so dass der Großraum Mayen-Koblenz-Neuwied nach wie vor ein Kernland der Namensträger bildet. Die Obermendiger Auswanderer Wilhelm und Wendelina Langenbahn haben in der zweiten Hälfte des 17. Jahrhunderts mit ihrer großen Nachkommenschaft im südöstlichen Saarland ein zweites Stammland „erobert". Aus diesem Bebelsheimer Zweig haben sich mit den Auswanderern in die Vereinigten Staaten von Amerika neue Ableger ausgebildet. Damit sind die drei großen Zweige des Langenbahn-Clans benannt - aber eben nur diese.

Es braucht nicht viele Internet-Recherchen, um zu erfahren, dass es neben den Langenbahn-„Hochburgen" im Stadtverband Saarbrücken (mit Quierschied, Dudweiler, Sulzbach-Neuweiler und darüber hinaus im westlichen Saarland) und im Raum Mayen-Koblenz-Neuwied-Cochem-Zell auch andernorts größere „Konzentrationen" und kleinere „Ansammlungen" von Langenbahns gibt:
im Rhein-Neckar-Kreis,
in Zweibrücken-Kaiserslautern bis nach Ludwigshafen,
im Köln-Düsseldorf-Aachen-Heinsberger Raum wie im Rhein-Erft-Kreis,
bei und in Hannover, Recklinghausen, Warendorf, Frankfurt, Rottweil, Landsberg, München und Erdingen, aber auch in der Schweiz ... Wir wissen nicht, von welchem

der drei Zweige diese Namensträger abstammen. Noch nicht!

In unserem Büchlein werden nur einige Wegmarken der annähernd 800-jährigen Geschichte des Namens unserer Familie freigelegt. Eine „Lange-Bahn" aber durch diese unbekannte Landschaft zu ziehen, könnte das gemeinsame Projekt vieler Langenbahns werden, um die Geschichte der Familie im Zeichen des Namens für uns und unsere Nachkommen weiter zu erzählen. Ideen zu diesem Vorhaben und Geschichten zu Familie und Namen der Langenbahns - auch Verbesserungen und Ergänzungen zum vorliegenden Buch - sammeln wir unter der e-Mail-Adresse: familie@langenbahn.info

Abb. 12: Straßenschild in Rieden

Anmerkungen

[1] Siehe auch KUNZE, *dtv-Atlas Namenskunde*, S. 42 ff.

[2] Wir übernehmen den edierten Text von ELTESTER – GOERZ, *Mittelrheinisches Urkundenbuch*, Bd. 3, S. 423, Nr. 547; vgl. auch GOERZ, *Mittelrheinische Regesten*, Bd. 2, S. 574, Nr. 2195; siehe dort auch die Datierung ins Jahr 1235.

[3] IWANSKI, *Grafen von Virneburg*, S. 9; vgl. die Teilungsvereinbarung selbst bei: ELTESTER – GOERZ, *Mittelrheinisches Urkundenbuch*, Bd. 3, S. 304f, Nr. 382. Zur Bruderteilung und den Burgbau zu Monreal vgl. auch LOHMEIER, *Kempenich*, 21.

[4] Vgl. die Urkunde ebd. S. 483, Nr. 634; WILKES, *Himmerod*, S. 48 Anm. 7, und S. 120.

[5] IWANSKI, *Grafen von Virneburg*, S. 10

[6] Vgl. ebd. im Anhang die Stammtafel der Virneburger.

[7] Vgl. auch LUNG, *Kottenheim*, S. 92, u. PICKEL, *Von Rittern*, S. 101. Die Ortsgemeinde Kottenheim, in nordöstlicher Richtung ca. 4 km von Mayen gelegen, gehört heute dem Landkreis Mayen-Koblenz und der Verbandsgemeinde Vordereifel an.

[8] Es sprengte unser Vorhaben, die einzelnen Personen und Geschlechter- und Ortsbezeichnungen zu verifizieren. Das setzte längeres Forschen in den Archiven voraus, zumal schon das Register des „Mittelrheinischen Urkundenbuchs" einige dieser Namen übergangen hat. Wahrscheinlich sind Lesarten der Edition an der Originalurkunde zu überprüfen; so handelt es sich möglicherweise

bei „Godefrido de Hausheim" um den schon in der Teilungsurkunde genannten „Godefridus de Natisheim" (von Nachtsheim).
Einen der „leichteren Fälle" stellt Emilrich dar, Ritter von Treis.
Er und sein Bruder Sibert sind schon in der Teilungsurkunde
von 1229 erwähnt (vgl. Anm. 3); sie waren Söhne des Emilrich
von Monreal, der um 1220 im Flaumbachtal in der Nähe von
Treis-Karden das von Kloster Kumbd aus besiedelte Zisterzienserinnenkloster Maria Engelport gegründet hatte; zur Gründung
des zweiten Tochterklosters von Kumbd durch den Ritter Emel-
rich sowie dessen Söhne, die Kloster Engelport ihr Unterstützung
versagten, vgl. WAGNER, *Kumbd*, S. 36.

[9]Vgl. SCHULZ, *Ministerialität*, Sp. 637: „Die Ministerialität
als Rechtsform und Institution war auf der einen Seite durch
Elemente der persönlichen Bindung, auf der anderen Seite durch
politische, wirtschaftliche und militärische Funktionszuweisun-
gen charakterisiert, die sie schließlich oft in eine ritterliche und
adelsgleiche Stellung hineinrücken ließ. Sie stellte eine Besonderheit des Deutschen Reiches einschließlich des lothringisch-
flandrischen Grenzraums dar und gestaltete den Gesellschafts-
wandel des Hohen Mittelalters (vom frühen 11. bis zum 13./14.
Jahrhundert) im starken Maße mit." (Die Abkürzungen des Lexi-
konartikels haben wir zugunsten einer besseren Lesbarkeit auf-
gelöst.)

[10]Der verbesserungswürdige Eintrag zu „Luxem" (Landkreis
Mayen-Koblenz, Verbandsgemeinde Vordereifel) in Wikipedia
(http://de.wikipedia.prg/wiki/Luxem 29.05.2013) gibt 1320 als
Jahr der ersten Erwähnung der Gemeinde an. Zu „Luxheim"
als virneburgischem Eigengut vgl. bei IWANSKI, *Grafen von Virneburg*, S. 10f, die Ausführungen über den Vertrag zwischen
Erzbischof Balduin von Trier und Graf Robert von Virneburg
aus dem Jahr 1336.

[11]Koblenz, Landeshauptarchiv, Best. 162, Nr. 69. Die Urkunde ist erstmals ediert bei GÜNTHER, *Codex diplomaticus*, Bd. 2, S. 319. Wilhelm Arnold Günther (1763-1843) war Rommersdorfer Konventuale und als letzter Archivar der Abtei ein ausgezeichneter Kenner des Rommersdorfers Archivs. Nach der Aufhebung der Prämonstratenserabtei leitete er ab 1815 die Vorgängerinstitutionen des heutigen Landeshauptarchivs in Koblenz und fungierte von 1834 bis 1843 als Weihbischof von Trier.

[12]Ein Rückvermerk aus dem 15. Jh. lautet „De curia in Langenbane", der aus dem 17. Jh.: „Donatio curtis 1263 Fabiani et Sebastiani", der von ca. 1790: „LXVI (ehemaliger Besitz). 19".

[13]„... communicata manu et unanimi consensu presentibus et consentientibus nobis una cum matre nostra Hadewige nobili de Kempenich ..."

[14]Zur Rosemann vgl. LOHMEIER, *Kempenich*, S. 20-24. Er stellt ihn als vermutlich weit gereisten und sehr angesehenen Mann vor, der „sicherlich die Münz-, Maut-, Mauer- und Marktrechte nach Kempenich" (ebd. 20) bringt.

[15]Vgl. KRINGS, *Rommersdorf*, S. 18f.

[16]Vgl. den Stammbaum der Linie Isenburg-Kempenich bei LOH-MEIER, *Kempenich*, S. 44, von dem wir hier einen Auszug bieten: Dietrich I. Herr von Kempenich (1158-1181) oo Jutta von Müllenark (1168-1190)

I

Hedwig I. Miterbin von Kempenich (+ vor 1252) oo Rembold IV. von Isenburg Herr zu Isenburg 1179-1197 Herr zu Kempenich 1197-1220	Lukardis Miterbin vom Kempenich (um 1185) oo [1. Ehe] Heinrich von Bürresheim 1168-1190 [2. Ehe] Friedrich von Virneburg 1173-1235 [beide Ehen kinderlos]

I

[vier Kinder, darunter]
Rosemann von
Isenburg-Kempenich
*1190-1263.

[17]Ebd. S. 23.

[18]Vgl. WEGELER, *Prämonstratenser-Abtei Rommersdorf*, S. 32f.

[19]„Dominae Hadewigis de Kempenich, quae dedit nobis 11 marcas". Für freundliche Auskünfte zur Überlieferung der Urkunde und Rommersdorf danken wir Dr. Bruno Krings, Bonn; zum Nekrolog vgl. auch: KRINGS, *Rommersdorf*, S. 14-17.

[20]WEGELER, *Prämonstratenser-Abtei Rommersdorf*, S. 19.

[21]Der Hof war nach den Virneburger Grafen im Besitz der Herrschaften von Bürresheim, von Schöneck und von Breidbach-Bürresheim; zu den Bürresheimern und Bürresheim vgl. BORN-HEIM, *Geschichte der v. Bürresheim*, und VON WERNER – CASPA-RY, *Schloss Bürresheim*; zur Familie von Breidbach-Bürresheim

vgl. WEIDENBACH, *Freiherren von Breidbach*. Als 1796 der Haupt-stamm der Breidbach-Bürresheimer ausstarb, fielen das Schloss Bürresheim und auch der Langenbahner Hof (oder was zu die-sem Zeitpunkt davon noch übrig war) an den Grafen Clemens Wenzeslaus von Renesse.

[22] Anders sieht das RAUSCH, *„Langenbahner Hof"*, der meint, dass der Hof nach dem Besitzer benannt wurde, was sich aber mit seiner eigenen Argumentation und der etymologischen Deutung des Namens „Langenbahn" nicht vereinbaren lässt.

[23] Vgl. zur Ortsgeschichte von Rieden (Landkreis Mayen-Ko-blenz, Verbandsgemeinde Mendig) siehe ADENAUER – BUSLEY – NEU, *Kunstdenkmäler*, S. 360-364, und QUAK-HARMES, *Rieden*, S. 11-17.

[24] HILKA, *Libri VIII Miraculorum*, S. 121f, hier 121.

[25] Vgl. QUAK-HARMES, *Rieden*, S. 14; der Text der Grenzbe-schreibung ebd. 15-17.

[26] Landeshauptarchiv Koblenz, Außenstelle Kobern-Gondorf, Best. 736, Nr. 2700, Bd. 11; eine weitere Karte ist abgedruckt bei QUAK-HARMES, *Rieden*, S. 18f.

[27] Ebd., Best. 733, Nr. 653, Bd. 2, 292a.

[28] „In neueren Zeiten waren zwei Höfe Langenbahn gräflich Vir-nenburgische Lehen des Freiherren von Breidbach-Bürresheims"; (GÜNTHER, *Codex diplomaticus*, Bd. 2, S. 320 Anm. 1); die Stel-le ist auch ins Riedener Gedenkbuch „gewandert"; vgl. QUAK-HARMES, *Rieden*, S. 14, und wird auch von RAUSCH, *„Langen-bahner Hof"* wiederholt.

[29] Ebd., Best. 737, Nr. 1255, Bl. 92.

[30] So berichtet Theo Krayer, Bürgermeister von Rieden.

[31] GRIMM, *Deutsches Wörterbuch*, Bd. 1, Sp. 1076-1078, hier 1076. Kurz und bündig hat das zusammengefasst: DUDEN, *Das große Wörterbuch*, S. 292 (die Abkürzungen lösen wir auf): „Bahn ... mittehochdeutsch ban(e), vielleicht verwandt mit gotisch banja = Schlag, Wunde, eigentlich = Schneise, Durchhau im Walde".

[32] GRIMM, *Deutsches Wörterbuch*, Bd. 1, Sp. 1076.

[33] Ebd.

[34] Ebd., Bd. 12, Sp. 154.

[35] Bislang galt Caspar als „erster" urkundlich belegter Langenbahn; LANGENBAHN, *Descendants of Wilhelm Langenbahn*. Die dortigen Ausführungen über den ersten und zweiten Langenbahn, vgl. Anm. 55, haben „kanonischen" Rang erlangt und sind auch in der saarpfälzischen Sekundärliteratur zu finden (beide greifen wohl auf Informationen von Jürgen Langenbahn zurück); vgl. HERTER, *„Das Rote Kreuz"*, S. 284 und SOFFEL, *Kreuz*.

[36] RAUSCH, *„Langenbahner Hof"*; zu Wilhelm von Breidbach vgl. WEIDENBACH, *Freiherren von Breidbach*, S. 97-100, wo aber das Schriftstück von 1538 nicht erwähnt wird.

[37] Vgl. RAUSCH, *„Langenbahner Hof"*: „Eine weitere Erwähnung der auf dem Hof ‚Eingesessenen' lautet ‚Caspar Hofmann uf Langenbahn und seine haußfrau Elisabeth sambt Kindern'".
Die Urkunde haben wir noch nicht im Original gesehen.

[38] Sie war Taufpatin des Schulmeisters Johann Caspar Meid (*4.1.1764 in Rieden, Todesjahr unbekannt); vgl. http://www.peine-ahnen.de/pp-web2/ab7320.htm

98

[39] QUAK-HARMES, *Rieden*, S. 90. Die Inschrift des „Dollskreu-zes" lautet: „INRI 1789 JOHANN WILHELM DOHL SEINE HAUSFRAU ANNA CATHARINA ZV LANGEBAHN".

[40] MÜLLER-VELTIN, *Mittelrheinische Steinkreuze*, S. 147 u. 161 Anm. 18; ebd. 148 u. 162 Anm. 24.

[41] RESMINI, *Inventar*, S. 322, Nr. 597.

[42] Das Buch verwahrt heute das Koblenzer Landeshauptarchiv, Best. 128, Nr. 1279; das Dokument mit den Namen der beiden findet sich auf S. 117. Zu diesem Werk RESMINI, *Laach*, bes. S. 70f; zur Person vgl. ebd. S. 440-442; Tilmann hat nach 1474 und bis vor Oktober 1488 das Amt des Cellerars versehen und war damit in Wirtschaftsdingen bestens bewandert.

[43] Ein Vorgänger Rudolfs, Abt Dietrich von Lehmen (1235-1247), der als „zweiter Gründer der Abtei" in die Klostergeschichte ein-gegangen ist, hatte in Kell von neuem Besitz erworben; frühere Besitzungen der Laacher Benediktiner, darunter auch ein Hof, waren „vermutlich verlorengegangen, da bis 1220 weitere Nach-richten über Klostergüter zu Kell fehlen"; RESMINI, *Laach*, S. 297f.

[44] RESMINI, *Inventar*, S. 112f, Nr. 131, hier S. 112.

[45] RESMINI, *Laach*, S. 356f.

[46] WEGELER, *Kloster Laach*, S. 2,80, Nr. 135.

[47] Vgl. RESMINI, *Inventar*, S. 46f, Nr. 2, hier S. 46; QUAK-HARMES, *Rieden*, S. 12.

[48] Vgl. RESMINI, *Laach*, S. 169-171. Das abwertende Urteil hat eher damit zu tun, dass unter seinem Nachfolger ein tiefer Ein-schnitt in die Klostergeschichte erfolgte: der Beitritt zur Bursfel-der Kongregation. Die Annahme einer Reform musste das Voran-

gegangene als schlecht und besonders reformbedürftig erscheinen
lassen.

[49] WEGELER, *Prämonstratenser-Abtei Rommersdorf*, S. 84f,
Regesten-Nr. 83, mit Verweis auf GÜNTHER, *Codex diplomaticus*, 2, 409 und die Originalurkunde „im Staats-Archiv zu
Berlin". (Wegeler 143)wegeler2. Zum Keller „Mönchshof" und
seinen Überbleibseln des 1716 erneuerten Wohn- und Wirtschafts-
gebäudes, vgl. ADENAUER – BUSLEY – NEU, *Kunstdenkmäler*, S.
251.

[50] Die Pachtverträge „von 1584 bis 1692" sind erhalten; vgl.
VOLK, *Laacher Chronik*, S. 57 Anm. 49; RESMINI, *Inventar*, S.
322, Nr. 1252, gibt den Inhalt des ersten Vertrags so wieder:
„1585 Febr. 2 (Abschr.): Crein Saedler (Sedler) und seine Frau
Margarethe pachten auf 20 Jahre von Abt Johann, dem Prior und
dem Konvent von Laach den beim Kloster gelegenen (attennegst
bei dem Closter) Hof, gen. Bornstall, gegen jährlich 24 Malter
Korn, zwei Malter Speltz und je ein Malter Gerste und Erbsen,
ferner gegen die Verpflichtung zur Entrichtung des Kornzehnten,
14 Fahrten an Rhein und Mosel, zu Heufuhren zu Glees und
gegen weitere Auflagen, die vor allem für die Eigenwirtschaft
und die Versorgung des Klosters, etwa mit Fleisch und Milch,
relevant sind. Weitere Pachtverträge: 1615 (Abschr., an dieselben
Pächter), 1619 (Abschr., an Adolf Langenban und Christine),
1621 (Ausf., an dieselben) und 1655 (Ausf., an Martin Dummer
und Maria)."

[51] Zum Bornstal vgl. WEGELER, *Kloster Laach*, S. 157f: „Die
Güter, welche unmittelbar an Laach grenzten, bildeten einen
eigenen Hof, der nahe bei dem Kloster, zwischen dem Abfluß-
kanale des Sees und dem Fußwege nach Kruft, an dem Hügel,
welcher Paßberg genannt ward, lag, und Bornstall genannt wurde.
In den ersten Jahren des 18. Jahrhunderts wurde dieser Hof in-
deß abgerissen und die Bewirthschaftung der Güter unmittelbar

vom Kloster aus besorgt. Vgl. VOLK, *Laacher Chronik*, S. 57 Anm. 49.

[52] RESMINI, *Laach*, S. 239.

[53] Aus dem Internet ist zu entnehmen, dass in Leutesdorf ein Bernhard Langenbahn im Jahr 1682 gestorben ist; ebendort heiratet 1703 ein Conrad Langenbahn eine Anna Margerata.

[54] http://gedbas.genealogy.net/search/simple?placename=Polch ... (30.04.2013). Polch ist seit 1987 Stadt im Landkreis Mayen-Kolbenz (Verbandsgemeinde Maifeld).

[55] Dieser wurde früher als „zweiter" Namensträger genannt: vgl. HERTER, *„Das Rote Kreuz"*; SOFFEL, *Kreuz*; mit Verweis auf das Buch der Schützenbruderschaft. Anfragen an die St. Sebastianus-Bruderschaft 1214 e.V. Polch sind bislang erfolglos geblieben. Im amerikanischen Stammbaum der Descandants of Wilhelm Langenbahn ist von „a church book in 1621 in Polch" die Rede. Die Sache bleibt späterer Klärung überlassen.

[56] MÖTSCH, *Polch*, S. 144 Nr. 26 und S. 146 Nr. 44.

[57] Ebd. S. 158.

[58] HERRMANN, *Geschichte*, S. 68. Der Ortsname Bebelsheim verrät fränkischen Ursprung. Der Bliesgau lag im Bistum Metz und gehörte zum austrasischen Reichsteil der Merowinger. Nach der Reichsteilung im Vertrag von Verdun 843 gehörte das Land zum Mittelreich, das Lothar, dem ältesten Sohn Kaiser Ludwigs des Frommen, zugefallen war und nach ihm Lotharingien genannt wurde. Hier verlief die Grenze zum ostfränkischen Reichsteil; vgl. ebd. 71f.

[59] Vgl. VINZENT, *Heimat*, und das Bebelsheimer Familienbuch, das Vinzents Forschungen fortsetzt: NAGEL, *Bebelsheimer Familien*.

[60] Wir stützten uns für diese Angaben auf die „amerikanische Liste" der „Descendants of Wilhelm Langenbahn" (vgl. LANGENBAHN, *Descendants of Wilhelm Langenbahn*).

[61] KLEWITZ, *Kunst*, S. 167; vgl. auch 174. Das Langhaus der Bebelsheimer Kirche wurde erst 1717 niedergelegt.

[62] BAUS, *Wissenswertes*, S. 242.

[63] Vgl. NAGEL, *Bebelsheimer Familien*, S. 29.

[64] HERRMANN, *Geschichte*, S. 80. Vgl. ebd.: „Weil der Herzog von Lothringen in den Friedensschluß nicht einbezogen war, gingen die Scharmützel zwischen lothringischen und französischen Truppen weiter. Die Festung Homburg gab der Lothringer nicht an die Grafen von Nassau-Saarbrücken zurück, sondern behielt sie als Faustpfand für seine Forderungen gegenüber dem Reich, als er durch den Vertrag von Vincennes (1661) mit Frankreich Frieden schloß."

[65] Zur Legende vom „Roten Kreuz" berichten wir gleich unten ausführlicher.

[66] LANGENBAHN, *Descendants of Wilhelm Langenbahn*, Eintrag unter „1. Wilhelm Langenbahn".

[67] HERRMANN, *Geschichte*, S. 80.

[68] OTTEN, *Grabmäler*, S. 89.

[69] Der Grabstein steht dem Marienaltar gegenüber im nördlichen Querschiff der Abteikirche. Der Epitaph lautet: „Im Iar 1512 uf Fritag Vincent II. starb die edel und frei Frow Eva Mauchenheimerin vo Zwenbrucken ein ehelich Husfrawe iorigen von der Leiien der Got genedig sei. Amen"; vgl. SANDER - SCHUMACHER, *Klosterkirche*, S. 21. Zur Geschichte der Familie von der Leyen im Mittelalter und der Bedeutung der Eheschließung von Eva

und Georg I. von der Leyen für den Aufstieg der Familie vgl. OSTROWITZKI, *Iventar der mittelalterlichen Urkunden*, S. 7-9; vgl. ebd. 7: „Mehr als die Hälfte der mittelalterlichen Urkunden im Familienarchiv datiert aus der Zeitspanne ihrer 53 Jahre währenden Ehe."

[70] Vgl. OLDTMAN, *Renaissance-Altar*; ebd. 280: „Die fünf noch erhaltenen lebensgroßen Grabfiguren gehören zu den frühesten und besten Werken der mittelrheinischen Renaissanceplastik".

[71] Vgl. RESMINI, *Laach*, S. 29; VOLK, *Laacher Chronik*, S. 51; SANDER - SCHUMACHER, *Klosterkirche*, S. 24.

[72] SANDER, *Geschichte des Landes an der Saar*, S. 303. Rund hundert Jahre später werden die von der Leyen ihre Residenz von Koblenz an die Blies verlegen.

[73] KRÄMER, *Die Erwerbung St. Ingberts*; zu den Dokumenten im Archiv der Fürsten von der Leyen zur Herrschaft Blieskastel und zum Erwerb der „leyenschen Dörfer" s. OSTROWITZKI, *Iventar der Akten*, S. 167.

[74] BAUS, *Wissenswertes*, S. 242.

[75] Vgl. PAULY, *Siedlung*, S. 330-342, bes. 340.

[76] NAGEL, *Bebelsheimer Familien*, S. 31f.

[77] Vgl. RICHTER, *Flurkreuze*; LEHMANN-BRAUNS, *Basaltlava-Kreuze*; MÜLLER-VELTIN, *Mittelrheinische Steinkreuze*.

[78] Die Legende ist mehrfach und gleichlautend abgedruckt: HERTER, *„Das Rote Kreuz"*; SOFFEL, *Kreuz*.

[79] Vgl. SOFFEL, *Kreuz*, der allerdings nicht der Urheber der journalistisch reißerischen Überschrift ist. Religionsgeschichtlich betrachtet, liegt der Legende der Typus vom verletzten Kultbild zugrunde. Das Kultbild ist der Sphäre des Sakralen zugeordnet

und ist deshalb „mächtig", d.h. es kann handeln. Die Botschaft der Legende lautet auf eine knappe Formel gebracht: In dem Maß, wie der Mensch Gott „abschafft", verletzt der Mensch sich selbst, denn der Mensch ist nach jüdisch-christlichem Verständnis nach dem Ebenbild Gottes geschaffen.

[80] GRIEBEN, *Woher die Waffen*, 7.

[81] Vgl. ebd. 8f.

[82] Ihr Vater arbeitete als Kutscher bei der über die Stadt Sulzbach hinaus bekannten Eisenwarenhandlung „G. H. Simon Wwe".

[83] Although I know much about my father's Langenbahn family history due to research, we did not spend any time with his family. My father had an Uncle William (1872-1962) who lived in Detroit and was my father's namesake, an Uncle Charlie (1875-1962) who lived in Bellevue, and an Aunt Ida who became a nun (Sister Juvenalis) in Indiana. I recall one visit we made to the convent, and Dad would run into Charlie now and then on the street, but there was little other contact with Dad's paternal family.

[84] We Were the Ninth: A history of the Ninth Regiment, Ohio Volunteer Infantry, April 17, 1861 to June 7, 1864. The Kent State University Press, Kent, Ohio and London, England. The original book was in German. It was out of print for many years, but was translated and reprinted in 1987. In the Appendix there is a listing for "Langebohn, Andreas – Mustered Out." On his pay records his name is spelled with the incorrect spelling several times, but most often is was spelled correctly.

[85] Auch Sezessionskrieg genannt, 1861 bis 1865.

[86] Der Begriff „American Dream" („Amerikanischer Traum") beschreibt den Traum der Amerikaner im Land der unbegrenzten

Möglichkeiten gleichsam vom „Tellerwäscher zum Millionär" („from rags to riches") aufsteigen zu können.

[87] Den Beruf gibt es in dieser Form in Deutschland nicht. Es handelt sich dabei um besonders ausgebildetes Krankenpflegepersonal, das verbreitete Krankheiten eigenverantwortlich behandeln darf.

[88] Die sympathische Einsicht verdanken wir dem Werbetext für ein Buch, das im Herbst 2013 im Verlag „Königshausen und Neumann" in Würzburg erscheinen wird: Rolf Selbmann, Nomen est Omen. Literaturgeschichte im Zeichen des Namens.

[89] Der Name „Pellenz", der die Hügellandschaft im Nordwesten des Mittelrheinischen Beckens bezeichnet, erinnert an die Pfalzgrafschaft bei Rhein. Das Gebiet gehörte im späten Mittelalter zum Herrschaftsbereich der Virneburger Grafen.

Abbildungsnachweis

Wir danken dem Landeshauptarchiv Koblenz (Abb. 2 u. 5) und der Abtei Maria Laach (Abb. 6) für die Reproduktionserlaubnis.

Für ihre freundliche Hilfsbereitschaft und Auskünfte danken wir The Krayer (Rieden), Dr. Bruno Krings (Bonn), Jochen Marx, Herbert Schneider (Bebelsheim) und Arno Soffel (Bebelsheim).

Nicht zuletzt herzlichen Dank an Mechthild Langenbahn und Christoph Kohlhas für konstruktive Kritik und Mithilfe beim Korrekturlesen.

107

Handschriften und Quellen

Koblenz, Landeshauptarchiv, Außenstelle Kobern-Gondorf, Best. 735, Nr. 2700, Bd. 11: Supplement-Flurbuch von Rieden für die Jahre 1831-1853..

Koblenz, Landeshauptarchiv, Best. 162., 69.

ELTESTER – GOERZ, *Mittelrheinisches Urkundenbuch*
Heinrich BEYER/Leopold ELTESTER/Adam GOERZ: *Urkundenbuch zur Geschichte der jetzt preußischen Regierungsbezirke Coblenz und Trier bildenden mittelrheinischen Territorien.* 1860-1874.

GÜNTHER, *Codex diplomaticus*
Wilhelm GÜNTHER: *Codex diplomaticus Rheno-Mosellanus. Urkunden-Sammlung zur Geschichte der Rhein-und Mosellande, der Nahe- und Ahrgegend, und des Hundsrückens, des Meinfeldes und der Eifel.* Coblenz, 1823, II. Theil: Urkunden des XIII. Jahrhunderts.

GOERZ, *Mittelrheinische Regesten*
Adam GOERZ: *Mittelrheinische Regesten oder chronologische Zusammenstellung des Quellenmaterials für die Geschichte der Territorien der beiden Regierungsbezirke Koblenz und Trier in kurzen Auszügen.* Band 2: Vom Jahre 1152 bis 1237, Koblenz, 1879.

108

HILKA, *Libri VIII Miraculorum*
Alfons HILKA: *Die beiden ersten Bücher der Libri VIII Miraculorum*. In: Alfons HILKA (Hrsg.): *Die Wundergeschichten des Caesarius von Heisterbach*. Band 3, Bonn, 1937, S. 7*–222.

OSTROWITZKI, *Iventar der Akten*
Anja OSTROWITZKI: *Inventar der Akten und Amtsbücher des Archivs der Fürsten von der Leyen im Landeshauptarchiv Koblenz*. Koblenz, 2004, (Veröffentlichungen der Landesarchivverwaltung Rheinland-Pfalz 102).

OSTROWITZKI, *Iventar der mittelalterlichen Urkunden*
Anja OSTROWITZKI: *Inventar der mittelalterlichen Urkunden des Archivs der Fürsten von der Leyen im Landeshauptarchiv Koblenz*. Koblenz, 2010, (Veröffentlichungen der Landesarchivverwaltung Rheinland-Pfalz 112).

RESMINI, *Inventar*
Bertram RESMINI: *Inventar und Quellensammlung zur Geschichte der alten Abtei Laach*. Koblenz, 1995, (Veröffentlichungen der Landesarchivverwaltung Rheinland-Pfalz 64).

Sekundärliteratur

ADENAUER – BUSLEY – NEU, *Kunstdenkmäler*
Hanna ADENAUER/Josef BUSLEY/Heinrich NEU: *Die Kunstdenkmäler des Kreises Mayen.* Düsseldorf: Schwann, 1985.

BAUS, *Wissenswertes*
Martin BAUS: *Wissenswertes aus den Städten und Gemeinden.* In: Clemens LINDEMANN (Hrsg.): *Der Saarpfalz-Kreis.* Stuttgart, 1993, (Heimat und Arbeit), S. 222–248.

BORNHEIM, *Geschichte der v. Bürresheim*
Werner BORNHEIM GEN. SCHILLING: *Zur Geschichte der v. Bürresheim im Mittelalter.* In: Annalen des Historischen Vereins für den Niederrhein insbesondere das alte Erzbistum Kölm, H. 158. 1965, S. 104–138.

DUDEN, *Das große Wörterbuch*
Günther DROSDOWSKI: *Duden. Das große Wörterbuch der deutschen Sprache in 6 Bänden.* Mannheim, 1976-1989.

GRIEBEN, *Woher die Waffen*
Doris GRIEBEN: *Woher die Waffen nehmen. Die Revolution von 1848/49 im Saarpfalz-Kreis.* Homburg, 1999, (Siebenpfeiffer-Stiftung).

GRIMM, *Deutsches Wörterbuch*
Jacob GRIMM/Wilhelm GRIMM: *Deutsches Wörterbuch.*
Band 1-16. Nachdruck, München, 1984.

HERRMANN, *Geschichte*
Hans-Walter HERRMANN: *Die Geschichte des Kreisgebietes.* In: Clemens LINDEMANN (Hrsg.): *Der Saarpfalz-Kreis.* Stuttgart, 1993, (Heimat und Arbeit), S. 66–98.

HERTER, *„Das Rote Kreuz"*
Willi HERTER: *„Das Rote Kreuz".* In: Bernhard BECKER (Hrsg.): *Wegekreuze im Saarpfalz-Kreis.* Homburg, 1993, S. 284f.

IWANSKI, *Grafen von Virneburg*
Wilhelm IWANSKI: *Geschichte der Grafen von Virneburg, Von ihren Anfängen bis auf Robert IV. (1383).* Koblenz, 1912.

KLEWITZ, *Kunst*
Martin KLEWITZ: *Kunst im Saarpfalz-Kreis.* In: Clemens LINDEMANN (Hrsg.): *Der Saarpfalz-Kreis.* Stuttgart, 1993, (Heimat und Arbeit), S. 153–183.

KRÄMER, *Die Erwerbung St. Ingberts*
W. KRÄMER: *Die Erwerbung St. Ingberts durch die Familie v. d. Leyen im 17. Jahrhundert.* In: Zeitschrift für Saarländische Heimatkunde, 1954 Nr. 1-4, 97–106.

KRINGS, *Rommersdorf*
Bruno KRINGS: *Zur Geschichte des Prämon-
stratenserstiftes Rommersdorf im 12. Jahrhundert.* In:
Archiv für mittelrheinische Kirchengeschichte, 1984
Nr. 36, S. 11–34.

KUNZE, *dtv-Atlas Namenskunde*
Konrad KUNZE: *dtv-Atlas Namenskunde.* 5. Auflage.
München: Deutscher Taschenbuch Verlag, 2004.

LANGENBAHN, *Descendants of Wilhelm Langenbahn*
Martha LANGENBAHN/John K. LANGENBAHN et al.:
Descendants of Wilhelm Langenbahn. 2013.

LEHMANN-BRAUNS, *Basaltlava-Kreuze*
Elke LEHMANN-BRAUNS: *Himmel, Hölle, Pest und
Wölfe: Basaltlava-Kreuze der Eifel.* Köln, 1986.

LOHMEIER, *Kempenich*
Ernst LOHMEIER: *Die Geschichte der Edlen Herren
von Kempenich.* Kempenich, 1993.

Wir haben das Exemplar benutzt das die Universitäts- und
Stadtbibliothek Köln unter der Signatur 11 L 8213 verwahrt.
Der Beitrag ist nochmals – allerdings ohne Anmerkungen
und Quellenapparat – unter gleichem Titel abgedruckt in:
Zwischen Hoher Acht und Laacher See. aus der Geschich-
te des Kempenicher Ländchens. Hrsg.: Heimatfreunde e.V.
Kempenich 1993, 21-82.

LUNG, *Kottenheim*
Walter LUNG: *Kottenheim. Ein Dorf und seine Land-schaft.* Mayen, 1962.

MÜLLER-VELTIN, *Mittelrheinische Steinkreuze*
Kurt MÜLLER-VELTIN: *Mittelrheinische Steinkreuze aus Basaltlava.* 1. Auflage. Neuss, 1980, (Rheinischer Verein für Denkmalpflege und Landschaftsschutz e.V. Jahrbuch 1976/77).

MÖTSCH, *Polch*
Johannes MÖTSCH: *Polch im Mittelalter und in der frühen Neuzeit.* In: Franz-Josef HEYEN (Hrsg.): *Polch im Maifeld. Geschichte und Gegenwart.* Beitr. von Karoline Henkel [u.a.]. Polch, 1986, S. 97–171.

NAGEL, *Bebelsheimer Familien*
Bernhard NAGEL: *Bebelsheimer Familien 1690-1997.* [Ohne Ort], 1998.

OLDTMAN, *Renaissance-Altar*
E. v. OLDTMAN: *Der von der Leyensche Renaissance-Altar aus der Abteikirche Maria Laach.* In: Rheinische Heimatpflege, 1934 Nr. 6, S. 279–284.

OTTEN, *Grabmäler*
Clemens OTTEN: *Die von der Leyenschen Grabmäler der Laacher Abteikirche.* In: Theodor BOGLER (Hrsg.): *Beten und Arbeiten. Aus Geschichte und Gegenwart*

Benediktinischen Lebens. Gesammelte Aufsätze. Maria Laach, 1963, (Liturgie und Mönchtum 28), S.83–112.

PAULY, *Siedlung*
Ferdinand PAULY: *Siedlung und Pfarrorganisation im alten Erzbistum Trier. 2: Die Landkapitel Piesport, Boppard und Ochtendung.* Trier: mittelalterlichen Urkunden, 1961, (Veröffentlichungen des Bistumsarchivs Trier 6).

PICKEL, *Von Rittern*
Alois PICKEL: *Von Rittern, Grafen und Junkern.* In: Kottenheim – einst und heute, 2007 Nr. 1008-2008, 101–103, Herausgeber: Gemeindeverwaltung Kottenheim; Redaktion: Franz G. Bell [u.a.].

QUAK-HARMES, *Rieden*
Maria QUAK-HARMES et al.: *Rieden. Hier steckt unsere Heimat drin. 1100 Jahre 895-1995.* Horb am Neckar, 1995.

RAUSCH, „*Langenbahner Hof*"
Gottfried RAUSCH: *Der „Langenbahner Hof". Die Wüstung mit vielen Flurteilen befindet sich in der Gemarkung Rieden in der Eifel.* In: Heimat zwischen Hunsrück und Eifel. Beilage der „Rhein-Zeitung" für Schule und Elternhaus 55. Jahrgang Januar 2007 Nr. 1.

RESMINI, *Laach*
Bertram RESMINI: *Die Benediktinerabtei Laach.* Im

Auftrag des Max-Plack-Instituts für Geschichte Auflage. Berlin – New York, 1993, (Germania Sacra N.F. 31: Die Bistümer der Kirchenprovinz Trier. Das Erzbistum Trier 7).

RICHTER, *Flurkreuze*
A. RICHTER: *Flurkreuze und Heiligenhäuschen zwischen Blumerath und Hoher Acht. Wanderrath – Baar – Heeresbach – Nitz – Siebenbach – Virneburg –Welschenbach.* Mayen, 1984.

SANDER - SCHUMACHER, *Klosterkirche*
Basilius SANDER/Karl Heinz SCHUMACHER: *Die Klosterkirche Maria Laach.* Erfurt, 2007, (Reihe: Archivbilder).

SANDER, *Geschichte des Landes an der Saar*
Michael SANDER: *Geschichte des Landes an der Saar.* In: Werner KÜNZEL/Werner RELLECKE (Hrsg.): *Geschichte der deutschen Länder. Entwicklungen und Traditionen vom Mittelalter bis zur Gegenwart.* Münster, 2005, S. 299–314.

SCHULZ, *Ministerialität*
K. SCHULZ: *Ministerialität, Ministerialen.* In: *Lexikon des Mittelalters.* Band 6, 1993, Sp. 636–639.

SOFFEL, *Kreuz*
Arno SOFFEL: *Kreuz mit schauerlicher Legende.*

In: Saarbrücker Zeitung. Lokalausgabe Homburg 09.02.2012.

VINZENT, *Heimat*
Richard VINZENT: *Die Heimat meiner Vorfahren – väterlicherseits*. Bebelsheim, [ohne Jahr].

[Kopie des Archivs des Heimatvereins, Auszug durch freundliche Vermittlung von Arno Soffel]

VOLK, *Laacher Chronik*
Paulus VOLK: *Eine unbekannte Laacher Chronik*. In: Annalen des Historischen Vereins für Niederrhein, 1943 Nr. 142/143, 45–83.

WAGNER, *Kumbd*
Willi WAGNER: *Das Zisterzienserinnenkloster Kumbd (Hunsrück)*. Ratingen, 1973, (Schriftenreihe des Hunsrücker Geschichtsvereins 6).

WEGELER, *Kloster Laach*
Julius WEGELER: *Das Kloster Laach. Geschichte und Urkunden-Buch. Ein Beitrag zur Special-Geschichte der Rheinlande*. Bonn, 1854.

WEGELER, *Prämonstratenser-Abtei Rommersdorf*
Julius WEGELER: *Die Prämonstratenser-Abtei Rommersdorf. Nach einer Handschrift und Urkunden-Sammlung des Weihbischofs W. A. Günter bearbeitet*. Coblenz, 1882.

WEIDENBACH, *Freiherren von Breidbach*
Hofrath WEIDENBACH: *Die Freiherren von Breidbach zu Bürresheim.* In: Annalen des historischen Vereins für den Niederrhein, 24. 1892, S. 70–125.

VON WERNER – CASPARY, *Schloss Bürresheim*
Karl von WERNER/Hans CASPARY: *Schloss Bürresheim.* Mainz, 1995, (Führer der Verwaltung der Staatlichen Burgen, Schlösser und Altertümer Rheinland-Pfalz 2).

WILKES, *Himmerod*
Carl WILKES: *Die Zisterzienserabtei Himmerode im 12. und 13. Jahrhundert.* Münster, 1924, (Beiträge zur Geschichte des alten Mönchtums und Benediktinerordens 12).

118